文部科学省後援・全国経理教育協会主催／所得税法能力検定試験準拠

所得税法の基礎知識が身につく

所得税法問題集

目的に合わせて学習できます！

経理教育研究会編

令和6年度版

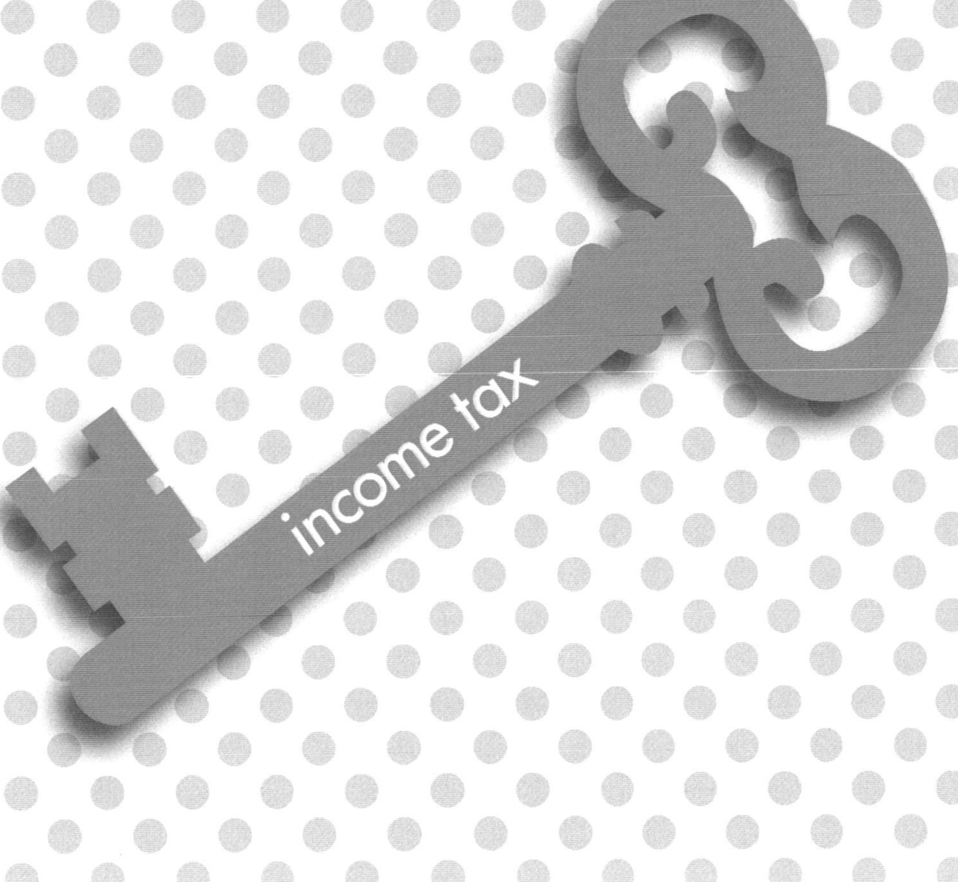

EIKOSHA

まえがき

本書は次のような構成になっています。

●項目ごとの基本問題（3級レベルの問題を中心に、一部2級の問題）

●2級レベルの発展問題

●検定試験問題を意識した力だめし

このような構成にすることにより、検定試験の受験を目的とした方でもそれ以外の方でも、それぞれの目的に合わせた“所得税法の基礎力”がつくように学習する事ができます。

検定試験を受験されない方は、基本問題を解くだけで、力だめしや発展問題を解かなくても、十分に所得税法の基礎知識が身につくことでしょう。

検定3級を受験される方は、各項目の基本問題（2級は除く）と、力だめしの3級レベルの問題を解いてください。3級合格後2級を受験されるときには、残した2級レベルの問題を解き、本試験形式の模擬プリント集『直前模試』で検定対策の総仕上げをしましょう。

検定3級を飛ばしていきなり2級を受験される方は、発展問題・力だめしも含めて、すべての問題を順番に解いていきましょう。その後本試験形式の模擬プリント集『直前模試』で検定対策の総仕上げをしましょう。

本書で学習される方々の、それぞれの目標をクリアするお手伝いができれば幸いです。

■教育機関における学習の便宜のため、法案の段階で執筆しておりますことをあらかじめご承知おきください。なお、本書出版後に法律の改正が行われた場合は、弊社ホームページにて修正箇所をご案内させていただきます。
URL https://www.eikosha.net/

株式会社　英光社

目次

第1章 所得税のあらまし

1．納税義務者と納税地

001 次の文章の（　　）の中にあてはまる語又は数字を下から選んで記入しなさい。

1．（イ．　　　　）とは所得税法の施行地をいい，施行地外の地域を（ロ．　　　　）という。
2．居住者とは国内に住所を有し，又は現在まで引き続いて（ハ．　　）年以上居所を有する個人をいい，これ以外の個人を（ニ．　　　　）という。
3．（ホ．　　　　）のうち，日本国籍を有しておらず，かつ，過去10年間のうち合計して（ヘ．　　）年以下の期間，国内に住所又は居所を有する個人を非永住者という。
4．国内に本店又は主たる事務所を有する法人を（ト．　　　　）といい，これ以外の法人を（チ．　　　　）という。
5．法人でない社団又は財団で代表者又は管理人の定めがあるものを（リ．　　　　）という。

1	5	人格のない社団等	非居住者	内国法人
居住者	外国法人	国外	国内	

002 次の文章の（　　）の中にあてはまる語を下から選んで記入しなさい。（同じ語を２回以上用いることがある）

所得税の納税地は，原則としてその（イ．　　　　）とされ，確定申告書の提出先は，納税地の所轄（ロ．　　　　）とされている。ただし，次の例外がある。
1．住所の他に居所がある人は，（ハ．　　　　）により，（ニ．　　　　）を住所地にかえて納税地とすることができる。
2．住所がなく，居所のある人は，その（ホ．　　　　）が納税地とされる。
3．住所や居所の他に（ヘ．　　　　）等がある人は，（ト．　　　　）により，（チ．　　　　）等を住所地又は居所地にかえて納税地とすることができる。

居所地	届出	住所地	事業場	税務署長

003 次の文章の（　　）の中にあてはまる語を下から選んで記入しなさい。

利子，配当，給与，退職手当，報酬，料金等の支払をする者がその支払について源泉徴収をすべき（イ．　　　　）の納税地は，その者の事務所，事業所その他これらに準ずるもので，その（ロ．　　　　）を取扱うもののその（ハ．　　　　）の日における所在地とする。ただし，公社債の利子，利益の配当などは，その支払をする者の（ニ．　　　　）又は主たる事務所の所在地が納税地とされる。

支払事務	本店	支払	所得税

2．申告納税制度と源泉徴収

004　次の文章の（　　）の中にあてはまる語を下から選んで記入しなさい（同じ語を２回以上用いることがある)。

所得税は毎年（イ.　　　　　　）から（ロ.　　　　　　）までの所得金額について，翌年（ハ.　　　　　）から（ニ.　　　　　）までに税務署に（ホ.　　　　　）をし，納税することになっている。

居住者は，予定納税基準額が（へ.　　　　　）以上である場合には，第1期及び第２期において，それぞれ予定納税基準額の（ト.　　　　　）に相当する金額の（チ.　　　　　）を国に納付しなければならない。

所得税は（リ.　　　　　　）を基本としているが，利子，配当，給与等については，その支払をするものが所得税を徴収して，翌月（ヌ.　　　　）までに納付することになっている。これを（ル.　　　　　　）といっている。

申告納税制度	確　定　申　告	源泉徴収制度	15万円	所　得　税	３分の１
10日	１月１日	２月16日	３月15日	12月31日	

3．所得の種類

005　次の文章の（　　）の中にあてはまる語を下から選んで記入しなさい。

1．所得税は，原則として個人の１年間（１月１日から12月31日まで）の所得金額に対して課せられる（イ.　　　　）であり（ロ.　　　　　）である。

2．（ハ.　　　　）の種類は，通常，納税者の（ニ.　　　　）や所得を生じる所有財産の種類などによって異なる。

3．所得税法では，所得の種類を発生形態によって（ホ.　　　）種類に区分して，所得金額を計算している。

4．所得税の計算は，各所得金額を計算したのち，事業所得金額や給与所得金額他による総所得金額，（へ.　　　　）所得金額，（ト.　　　　）所得金額などのグループに区分される。

国　　　税	直　接　税	山　　　林	退　　　職	職　　　業	所　　　得	10

006　所得税法では，所得を一括して計算しないで，所得の種類を発生形態によって10種類に分けて所得金額を計算することをたてまえとしている。その10種類の所得を書きなさい。

1	所得	2	所得	3	所得	4	所得	5	所得
6	所得	7	所得	8	所得	9	所得	10	所得

007 各種所得の計算方法のうち，適当と思われるものの記号を（　　）の中に記入しなさい。（同じ記号を何度使用してもよい。）

1．利子所得（　　）
2．配当所得（　　）
3．不動産所得（　　）
4．事業所得（　　）
5．給与所得（　　）
6．譲渡所得（　　）
7．一時所得（　　）
8．雑　所　得（　　）
9．山林所得（　　）
10．退職所得（　　）

a．総収入金額－必要経費
b．（収入金額－退職所得控除額）× $\frac{1}{2}$
c．収入金額＝所得金額
d．総収入金額－取得費および譲渡費用－特別控除額
e．収入金額－元本を取得するために要した負債利子
f．収入金額－給与所得控除額
g．総収入金額－必要経費－特別控除額
h．総収入金額－収入を得るために支出した金額－特別控除額

4．所得税計算のしくみ

008 次の（　　）の中にあてはまる語を下から選んで記入しなさい。

総所得金額 ＝ （イ　）所得 ＋ （ロ　）所得 ＋ （ハ　）所得 ＋ （ニ　）所得 ＋ （ホ　）所得 ＋ （ヘ　）所得 ＋（ （ト　）所得 ＋ （チ　）所得 ）× $\frac{1}{2}$

利　子	配　当	不動産	事　業	給　与	退　職	山　林	譲　渡	一　時	雑

009 次の□の中にあてはまる語を下から選んで記入しなさい。ただし同じ語を何度使用してもよい。

総所得金額 － ウ → エ × 税率 → ク － ケ ＝ コ
ア － ウ → 課税退職所得金額 × カ →
イ － ウ → オ × キ →

退職所得金額	山林所得金額	申告納税額	算出税額
税　　率	課税総所得金額	課税山林所得金額	税額控除額
所得控除額			

５．非課税所得と免税所得

010 次に掲げるもののうち，所得税法によって，非課税所得とされるものには○印，課税の対象となるものには×印をつけなさい。

１．子供銀行の預金の利子

２．給料，賃金，賞与による所得

３．給与所得者が通常の給与のほかに受ける通勤費のうち所定の金額

４．５年を超える期間所有していた山林を伐採して譲渡した時生ずる所得

５．現物給与で，その職務の性質上欠くことのできないもの

６．工業，農業，水産業等のいわゆる事業から生ずる所得

７．少額預金等の利子所得……障害者等で非課税貯蓄申告書を提出した場合で元本が350万円を超えないもの

８．事業用の固定資産を譲渡することによって生ずる所得

９．小切手をもって引き出す当座預金（年１%をこえないもの）の利子

10．不動産，不動産の上に存する権利，船舶，航空機の貸付けによる所得

1	2	3	4	5	6	7	8	9	10

011 次の所得のうち，所得税法によって非課税所得とされているものを番号で答えなさい。

１．雇用保険の失業給付金

２．宝くじの当選金

３．普通預金の利子

４．親から受ける学資金

５．10万円の宝石を単発的に15万円で譲渡した所得

６．20年以上勤務した会社から受けた退職金

７．自動車が店舗に突入したため，店主が負傷し，この負傷に起因する補償として受ける賠償金

８．上記７において受けた事業用固定資産についての損害賠償金

９．上記７において受けたたな卸資産についての損害賠償金

6．青色申告制度

012 次の文章の（　　）の中にあてはまる語又は数字を下から選んで記入しなさい。

青色申告制度とは，（イ.　　　　）納税の一つであり，青色申告の承認を受けた者が，一定の（ロ.　　　　　）を備えつけ，毎日の取引を正確に記録し，その（ハ.　　　　）に基づいて（ニ.　　　　）な申告をするものである。この申告をする人には，所得の計算の際に特別の（ホ.　　　　）を認めるなど，他の納税者と区分して優遇することになっている。

青色申告は，（ヘ.　　　　　）所得，（ト.　　　　）所得，（チ.　　　　）所得に限り行うことができるが，それには納税地の所轄（リ.　　　　　）の承認を受けることが必要である。

「青色申告の承認申請書」は，青色申告をしようとする年の（ヌ.　　　　　）までに提出しなければならない。ただし，その年の（ル.　　　　　）以後新たに事業を開始した場合は，その事業を開始した日から（ヲ.　　）か月以内に提出すればよい。

1月16日	2	3月15日	末	青　色	帳簿書類	経　費
税務署長	真　実	申　告	不動産	記　帳	事　業	山　林

013 次の各文章の（　　）の中にあてはまる語又は数字を，それぞれ下から選んで記入しなさい（同じ語を２回以上用いることがある）。

1．青色事業専従者給与

「青色事業専従者」とは，青色申告者と（イ.　　　）を一にする配偶者や（ロ.　　　）歳以上の親族で，通常（ハ.　　　）年のうち（ニ.　　　）か月を超える期間事業に専従した者をいう。

青色事業専従者に支給する給与については，労務の（ホ.　　　　）な対価としてあらかじめ所轄（ヘ.　　　　　）に届出た金額の範囲内で支給する場合，その（ト.　　　）を（チ.　　　　　）に算入できる。

この場合，その支払を受けた給与は，その専従者の（リ.　　　　）所得の（ヌ.　　　　）金額として計算される。

適　正	生　計	全　額	6	収　入
必要経費	1	15	税務署長	給　与

2．青色申告特別控除

⑴ 青色申告者は，その年の（イ.　　　　　）所得，（ロ.　　　　）所得又は（ハ.　　　　）所得の金額から（ニ.　　　）万円を控除することができる。

⑵ （ホ.　　　　）所得又は（ヘ.　　　　）所得を生ずべき事業を営む青色申告者が，正規の簿記の原則に従い帳簿書類を備え付けている場合には，（ト.　　　　）所得又は（チ.　　　　）所得の金額から最高（リ.　　　）万円を控除することができる。ただし電子申告等する場合には、最高65万円が控除できる。

給　与	事　業	10	不動産	山　林	55

3．各種引当金の設定

（イ.　　　）所得を生ずべき事業を営む青色申告者は，年末貸金に対する（ロ.　　　　）引当金等を設定し，その繰入額を（ハ.　　　　　）に算入することができる。

事　業	必要経費	貸　倒

第2章 所得の内容と所得計算方法

1．利子所得

014 次の文章の（　　）の中にあてはまる語を下から選んで記入しなさい（同じ語を2回以上用いることがある）。

利子所得とは，公社債及び（イ.　　　　　）の利子，並びに合同運用信託，（ロ.　　　　　　　　　）及び公募公社債等運用投資信託の（ハ.　　　　　　）にかかる所得をいう。

利子所得の計算には，他の所得のような収入金額から差引く（ニ.　　　　　　）がなく，（ホ.　　　　　）そのものが所得金額となる。利子所得の（ヘ.　　　　　）は税込の金額であるから，税金を（ト.　　　　　）されている場合には，逆算して税込金額を求めなければならない。

居住者が支払を受ける利子については，支払時に復興特別所得税を含み（チ.　　　）%の所得税が源泉徴収されるほか，（リ.　　　）%の税率で道府県民税の利子割が合わせて特別徴収され，（ヌ.　　　　　）は不要である。

収入金額	必要経費	5	15.315	確定申告
源泉徴収	預貯金	公社債投資信託	収益の分配	20.315

015 次の文章の（　　）の中にあてはまる語又は数字を下から選んで記入しなさい（同じ語を2回以上用いることがある）。

1．利子所得とは，公債，社債及び（イ.　　　　　）の利子並びに合同運用信託，（ロ.　　　　　　　　　）及び公募公社債等運用投資信託の収益の分配による所得をいう。
2．利子所得の金額は，その年中の（ハ.　　　　　）とし，必要経費の控除はない。
3．国内に住所を有する障害者等特定の個人が，「非課税貯蓄申告書」を提出してあれば，元本（ニ.　　　　　）万円までの預貯金等の利子又は配当は（ホ.　　　　）になる。
4．国内に住所を有する障害者等特定の個人が，「特別非課税貯蓄申告書」を提出してあれば，元本（ヘ.　　　　　）万円までの利付国債及び特定の（ト.　　　　　）の利子は（チ.　　　　　）になる。
5．事業主に雇用されている勤労者が，「財産形成非課税住宅貯蓄申告書」を提出してあれば，この契約に基づいて預入等された元本（リ.　　　　　）万円までの預貯金等の利子等は，（ヌ.　　　　　）となる。これを一般に（ル.　　　　　）制度という。
6．年（ヲ.　　　）%を超えない利率の当座預金の利子は，（ワ.　　　　　）である。

財形貯蓄	非課税	収入金額	預貯金	公社債投資信託
地方債	1	15	350	550

016 甲は，本年１月１日から12月31日の間に次の収入があった。よって，利子所得の金額を計算しなさい。ただし，支払いの際源泉徴収を受ける金額については手取額を示してある。

(1) 銀行定期預金の利子　159,370円
(2) 社 債 の 利 子　79,685円
(3) 貸付信託の収益の分配　239,055円

銀行定期預金の利子……[　]円÷(１－[　])＝[　]円
社債の利子………………[　]円÷(１－[　])＝[　]円
貸付信託の収益の分配…[　]円÷(１－[　])＝[　]円
利子所得の金額…………[　]円＋[　]円＋[　]円＝[　]円

017 甲が，本年中において支払を受けた利子は，次のとおりであった。よって，利子所得の金額を計算しなさい（支払を受けた利子収入はいずれも税引後の手取金額である）。

	利 子 収 入 の 種 類	支払を受けた利子収入
(1)	Ａ銀行の貸付信託の収益の分配	143,433円
(2)	Ｂ銀行の定期預金の利子	175,307円
(3)	Ｃ証券会社の公社債投信の収益の分配	159,370円
(4)	Ｄ信用金庫の普通預金の利子	31,874円
(5)	郵便貯金の利子	239,055円
(6)	鉄道会社の社債利子	478,110円

(1) [　]円÷([　]－[　])＝[　]円
(2) [　]円÷([　]－[　])＝[　]円
(3) [　]円÷([　]－[　])＝[　]円
(4) [　]円÷([　]－[　])＝[　]円
(5) [　]円÷([　]－[　])＝[　]円
(6) [　]円÷([　]－[　])＝[　]円

2．配当所得

018 次の文章の（　　）の中にあてはまる語又は数字を下から選んで記入しなさい（同じ語を2回以上用いることがある）。

1．配当所得とは，法人から受ける（イ．　　　　）や（ロ．　　　　）の配当，出資に対する（ハ．　　　　）の分配，基金利息，（ニ．　　　　）投資信託や公募公社債等運用投資信託以外の投資信託の（ホ．　　　　）の分配に係る所得をいう。
2．上記の（ヘ．　　　　）投資信託の（ト．　　　　）の分配金は（チ．　　　　）所得になる。
3．配当所得の金額は，その年中の配当等の（リ．　　　　）とする。ただし，株式その他（ヌ．　　　　）を生ずべき（ル．　　　　）を取得するために要した（ヲ．　　　　）がある場合には，当該（ワ．　　　　）から，その支払う（カ．　　　　）の額のうち，その年においてその（ヨ．　　　　）を有していた期間に対応する部分の金額を（タ．　　　　）した金額とする。
4．非上場株式の剰余金の配当で，（レ．　　　　）銘柄につき（ソ．　　　　）回に支払を受ける金額が，（ツ．　　　　）万円に配当計算期間の月数を乗じてこれを12で除して計算した金額以下のものについては，確定申告をしないで，（ネ．　　　　）%の源泉徴収税額だけで済ませるか，確定申告をして源泉徴収税額の還付を受けるか，どちらか有利なほうを選択することができる。

利子	負債の利子	元本	利益	控除
10	人格のない社団	収益	公益	剰余金
公社債	20.42	配当所得	収入金額	1

019 本年分の株式の配当は次のとおりである。よって，配当所得の金額を計算しなさい。

1．A社の株式配当金　238,740円（源泉所得税20.42%控除後の金額）
［　　　　円］÷（1－［0.　　　］）＝［　　　　円］
2．B社の株式配当金　318,740円（源泉所得税20.315%控除後の金額）
［　　　　円］÷（1－［0.　　　］）＝［　　　　円］
3．C社の株式配当金　159,370円（源泉所得税20.315%控除後の金額）
［　　　　円］÷（1－［0.　　　］）＝［　　　　円］
4．D社の株式配当金　318,320円（源泉所得税20.42%控除後の金額）
［　　　　円］÷（1－［0.　　　］）＝［　　　　円］
5．E社の株式配当金　239,055円（源泉所得税20.315%控除後の金額）
［　　　　円］÷（1－［0.　　　］）＝［　　　　円］

020 本年分の株式の配当（20.42%源泉徴収税額控除後の手取額）は次のとおりである。よって，配当所得の金額を計算しなさい。なお，すべて非上場株式である。**2級**

＜資　料＞

1．イ社の株式配当金　318,320円（株式取得のための借入金の利子 120,000円）

① 収 入 金 額　［　　　円］÷（1－［0.　　］）＝［　　　円］

② 負 債 の 利 子　［　　　円］

③ 配当所得の金額　［　　　円］－［　　　円］＝［　　　円］

2．ロ社の株式配当金　238,740円（株式取得のための借入金の利子　72,000円）

① 収 入 金 額　［　　　円］÷（1－［0.　　］）＝［　　　円］

② 負 債 の 利 子　［　　　円］

③ 配当所得の金額　［　　　円］－［　　　円］＝［　　　円］

3．ハ社の株式配当金　119,370円（株式取得のための借入金の利子　42,000円）

① 収 入 金 額　［　　　円］÷（1－［0.　　］）＝［　　　円］

② 負 債 の 利 子　［　　　円］

③ 配当所得の金額　［　　　円］－［　　　円］＝［　　　円］

3．不動産所得

021 次の文章の（　　）の中にあてはまる語を下から選んで記入しなさい（同じ語を2回以上用いることがある）。

1．不動産所得とは，（イ.　　　　），（ロ.　　　　）の上に存する（ハ.　　　　），（ニ.　　　　）又は（ホ.　　　　）の貸付による所得をいう。

2．不動産所得の金額は，その年中の不動産所得に係る（ヘ.　　　　）から（ト.　　　　）を控除した金額とする。

不　動　産	航　空　機	船　　舶	必 要 経 費	総 収 入 金 額	権　　利

022 次のうち，所得税法上不動産所得になるものには○印を，その他の所得になるものには△印を，所得に該当しないものには×印を解答欄に記入しなさい。**2級**

1．貸宅地の地代
2．貸家及びアパートの賃貸料
3．貸家の契約更新料
4．アパートの敷金（返還を要するもの）
5．アパートの礼金（返還しないもの）
6．食事を提供する下宿
7．広告宣伝用看板の設置（所有する空地に設置させたことによる使用料収入）
8．特許権の使用料収入
9．駐車場の貸付収入（居住者に保管責任のないもの）
10．バンガローの使用料収入（夏季だけ設置し，ほかの季節は解体・格納している）

1	2	3	4	5	6	7	8	9	10

023 居住者Ａの令和６年分の不動産貸し付けに関する資料は次のとおりである。よって，不動産所得の金額を計算しなさい。なお，同人は青色申告書の提出の承認を受けており，65万円の青色申告特別控除を受ける要件を備えている。

＜資　料＞

(1) 駐車場の貸付収入　2,447,000円

この駐車場は月極（当月の駐車料は当月末支払いとする契約）の駐車場であり車両の出入について管理者を置いていない。なお，12月分のうち70,000円は未収のため貸付収入に含めていない。また，令和７年１月分のうち140,000円を本年12月に受け取り，貸付収入に含めている。

(2) 駐車場貸付時に受け取った敷金（預り金）　105,000円

(3) 駐車場に係る固定資産税　187,000円

(4) 駐車場に係る営業経費　654,000円

1．総収入金額

［　　　円］＋［　　　円］－［　　　円］＝［　　　円］

2．必 要 経 費

［　　　円］＋［　　　円］＝［　　　円］

3．不動産所得の金額

［　　　円］－［　　　円］－［　　　円］＝［　　　円］

024　居住者Ｂの令和６年分の不動産貸し付けに関する資料は次のとおりである。よって，不動産所得の金額を計算しなさい。なお，同人は青色申告書の提出の承認を受けており，電子申告はしていないが，55万円の青色申告特別控除を受ける要件は備えている。

＜資　料＞

(1)　アパートの貸付収入　　4,768,000円

本年12月分のうち90,000円は未収のため貸付収入に含めていないが，令和７年１月分のうち45,000円を受取り，貸付収入に含めている。なお，家賃はその月分はその月の末日に支払を受けることとされている。

(2)　アパート貸付時に受け取った敷金（預り金）　　360,000円

(3)　アパートに係る固定資産税　　235,000円

(4)　アパートに係る営業費　　1,396,000円

１．総収入金額

　　円 ＋ 　　円 － 　　円 ＝ 　　円

２．必 要 経 費

　　円 ＋ 　　円 ＝ 　　円

３．不動産所得の金額

　　円 － 　　円 － 　　円 ＝ 　　円

025 甲の本年中の不動産所得に関する資料は次の通りである。不動産所得の金額を計算しなさい。なお，同人は平成19年より青色申告書提出の承認を受けている。なお，不動産所得は，事業的規模で行ってはいない。

(1) 収　入

ア．受取家賃	2,400,000円
イ．敷金（預り金）	300,000円
ウ．賃貸に際して受け取った礼金	250,000円

(2) 支　出

ア．畳の表替え費	50,000円
イ．玄関の電灯料	12,000円
ウ．不動産会社への支払手数料	100,000円
エ．固定資産税	40,000円

(3) その他

ア．本年分の未収家賃が60,000円ある。

イ．賃貸家屋の減価償却費は，定額法によって計算する。なお，取得は平成19年３月31日以前である。

取得価額　4,000,000円　　耐用年数　25年　　償却率　0.040

ウ．新築家賃住宅の割増償却の適用はない。

１．総収入金額

円 ＋ 円 ＋ 円 ＝ 円

２．減価償却費

{(　円 − 　円) × 0.　} × $\frac{\square}{\square}$ ＝ 円

３．必 要 経 費

円 ＋ 円 ＋ 円 ＋ 円

＋ 円 ＝ 円

４．不動産所得の金額

〔総収入金額〕 円 − 〔必要経費〕 円 − 〔青色申告特別控除額〕 円 ＝ 円

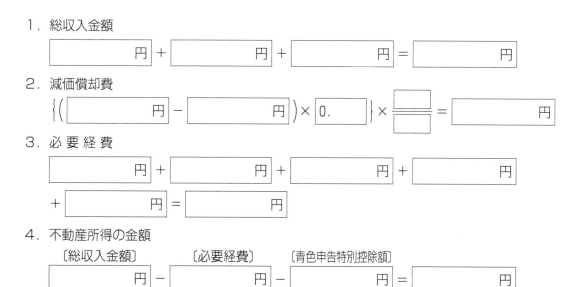

026 次の資料により，不動産貸付業を営む居住者甲の令和6年分の不動産所得の金額を解答欄にしたがって計算しなさい。**2級**

なお，甲は青色申告書の提出につき承認を受けており，不動産貸付業を事業的規模で行っている。また，すべての取引を正規の簿記の原則にしたがって記録し，これに基づいて貸借対照表及び損益計算書を作成しており，65万円の青色申告特別控除を受ける要件を備えている。

＜資 料＞

	収入の種類	収入金額	必要経費	備 考
ア	貸宅地の地代	320,000円	80,000円	
イ	貸宅地の権利金	10,000,000	500,000	甲所有の時価16,000,000円の土地に建物の所有を目的とする借地権を設定したものであり，地代年額の20倍を超えている。
ウ	貸家及びアパートの賃貸料	6,240,000	2,416,000	アパートに係る本年12月分60,000円が未収となっている。
エ	貸家の契約更新料	250,000	——	
オ	アパートの敷金	720,000	——	返還を要するものである。
カ	アパートの礼金	360,000	——	返還しないものである。
キ	広告宣伝用看板の設置	324,000	52,000	甲所有の空地に設置させたことによる使用料収入。
ク	駐車場の貸付収入	528,000	213,000	甲に保管責任のないものである。
ケ	バンガローの使用料収入	2,100,000	1,020,000	夏季だけ設置し，ほかの季節は解体・格納している。

(1) 総収入金額

$$\boxed{}円 + \boxed{}円 + \boxed{}円 + \boxed{}円$$

$$+ \boxed{}円 + \boxed{}円 + \boxed{}円 = \boxed{}円$$

(2) 必 要 経 費

$$\boxed{}円 + \boxed{}円 + \boxed{}円 + \boxed{}円$$

$$= \boxed{}円$$

(3) 不動産所得の金額

$$\boxed{}円 - \boxed{}円 - \boxed{}円 = \boxed{}円$$

4．事業所得

027 次の文章の（　　）の中にあてはまる語を下から選んで記入しなさい（同じ語を２回以上用いることがある）。

1．事業所得とは，農業，漁業，製造業，卸売業，（イ．　　　　），サービス業その他の事業から生じる所得をいう。

2．作家の所得は，（ロ．　　　　）所得であるが，サラリーマンの原稿料収入による所得は（ハ．　　　）所得となる。

3．土地などの売却による所得は，原則として（ニ．　　　　）所得であるが，不動産売買業の場合は（ホ．　　　　）所得となる。また，事業には至らない継続的売買による所得は，（ヘ．　　　）所得となる。

4．山林の売却による所得は，原則として（ト．　　　　）所得であるが，立木の売買を業として，取得してから５年以内に売却した場合の所得は（チ．　　　　）所得となり，業としない場合の所得は（リ．　　　）所得となる。

5．事業用固定資産（車両や機械，建物など）の売却による所得はすべて（ヌ．　　　　）所得となる。

6．駐車場の所得は，管理人をおいたり，自己の責任において自動車を保管しているような場合には（ル．　　　　）所得となり，単に場所だけを提供している場合は（ヲ．　　　　）所得となる。

雑	事　業	林　業	山　林	譲　渡	小売業	不動産

028 次の文章の（　　）の中にあてはまる語を下から選んで記入しなさい。

所得税法第２条（定義）によれば

1．棚卸資産とは（イ．　　　　）所得を生ずべき事業に係る（ロ．　　　　），製品，半製品，仕掛品，（ハ．　　　　），消耗品等で貯蔵中のものなど棚卸をすべきものをいう。

2．固定資産とは，土地（土地の上に存する権利を含む）や建物及びその附属設備，機械及び装置，車両及び運搬具，工具，器具及び備品，無形固定資産（鉱業権，漁業権，特許権，実用新案権，商標権等）などの（ニ．　　　　）資産，ならびに（ホ．　　　　）等をいう。

3．棚卸資産の評価方法の変更の承認を受けようとする居住者は，その新たな評価の方法を採用しようとする年の（ヘ．　　　　）までに，所定の申請書を納税地の（ト．　　　　　　）に提出しなければならない。

4．棚卸資産の評価は，納税者が（チ．　　　　）の種類ごとに，かつ，棚卸資産の（リ．　　　）ごとに選定し，所轄税務署長に届け出た評価方法によるが，評価方法の選定をしなかった場合，その評価方法は（ヌ．　　　　　　）となる。

商　品	事　業	電話加入権	減価償却	原材料
3月15日	所轄税務署長	区　分	最終仕入原価法	

029　次の計算式の□の中にあてはまる語を下から選んで記入しなさい。

1．事業所得の金額＝□－□

2．総 収 入 金 額＝□＋雑収入等

　　純　売　上　高＝□－売上値引・戻り高

3．必　要　経　費＝□＋営業経費等

　　売　上　原　価＝□＋□－□

　　純　仕　入　高＝□－仕入値引・戻し高

売上原価	純仕入高	必要経費	年末棚卸高	総仕入高
総収入金額	総売上高	年初棚卸高	純売上高	

030　次の資料により，売上原価及び売上総利益の金額を計算しなさい。

その年中の純売上高	3,000,000円
その年中の純仕入高	1,600,000円
年初棚卸高	300,000円
年末棚卸高	500,000円

1．売上原価　□円＋□円－□円＝□円

2．売上総利益　□円－□円＝□円

031 文房具小売業を営んでいる甲の，次の資料および付記事項により，事業所得の金額を計算しなさい。

＜資　料＞

損　益　計　算　書

自令和×年１月１日　至令和×年12月31日

科　目	金　額	科　目	金　額
年初商品棚卸高	800,000円	商品売上高	12,000,000円
商品仕入高	6,950,000	年末商品棚卸高	900,000
営業費	3,700,000	雑収入	290,000
当年利益	**1,740,000**		
	13,190,000		13,190,000

〔付記事項〕

⑴　雑収入は空箱等の売却代金，仕入割引，リベートとして受取った金額である。

⑵　営業費3,700,000円の内訳は，次のとおりである。

①　甲（本人）の支払生命保険料100,000円

②　水道光熱費のうち家事費と認められる金額60,000円

③　営業上の経費3,540,000円

<table>
<tr><th colspan="2">摘　要</th><th>金　額</th><th>計算の過程</th></tr>
<tr><td colspan="2">商品売上高
（雑収入も含む）</td><td>円</td><td></td></tr>
<tr><td rowspan="4">売上原価</td><td>年初商品棚卸高</td><td>円</td><td></td></tr>
<tr><td>商品仕入高</td><td>円</td><td></td></tr>
<tr><td>年末商品棚卸高</td><td>円</td><td></td></tr>
<tr><td>売上原価</td><td>円</td><td></td></tr>
<tr><td colspan="2">営業費</td><td>円</td><td></td></tr>
<tr><td colspan="2">事業所得の金額</td><td>円</td><td></td></tr>
</table>

032　次の資料から総収入金額を求めなさい。

<資　料>

(1)　商品売上高　　15,000,000円

(2)　商品売上高には，家事のために消費した商品（販売価額相当額460,000円，仕入価額326,000円）が含まれていない。また，友人に対する売上高60,000円が含まれているが，この商品の仕入価額は70,000円，通常の販売価額は105,000円である。

円 ＋ （注１）円 － 円 ＋ （注２）円

＝ 円

（注１）　家事消費高の計算

円 ＞（ 円 × 0. ＝ 円 ）　∴ 円

（注２）　低額譲渡高修正額の計算

円 ＜（ 円 × 0. ＝ 円 ）　∴ 円

033　甲は物品販売業を経営し，平成16年分から引き続いて青色申告の承認を受けている。甲の事業所得の総収入金額と売上原価を計算しなさい。

商品売上高	14,000,000円	年末商品棚卸高	1,800,000円
年初商品棚卸高	1,200,000円	雑収入	50,000円
本年仕入高	9,500,000円		

〔付記事項〕

1．甲は棚卸資産の一部を家事のために消費したが，売上高に含めていなかった。その販売価額は35,000円で，この原価は28,000円である。

2．雑収入50,000円の内訳は次のとおりである。

(1)　友人（取引先でない）に対する貸付金の利子45,000円

(2)　商品空箱売却代5,000円

(a)　総収入金額

家事消費した棚卸資産の総収入金額算入の計算

取得価額……28,000円……………………………………A

通常の販売価額……35,000円×0.7＝ 円………B

AとBのいずれか高い金額が総収入金額に算入する最低額である。

（棚卸資産を贈与した場合も同様に処理する。）

円 ＋ 円 ＋ 円 ＝ 円

(b)　売上原価

円 ＋ 円 － 円 ＝ 円

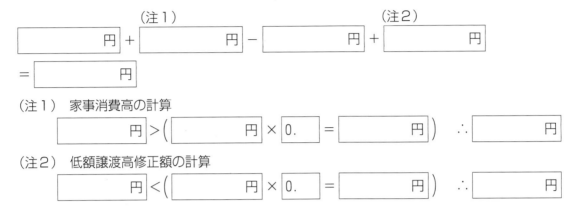

034 次の資料により，物品販売業を営む甲の本年分の事業所得の金額を計算しなさい。なお，同人は青色申告書の提出の承認を受けている。

<資　料>

(1) 収　入

当年商品売上高	50,978,000円
雑　収　入	20,000円（雑収入は，全て商品の空箱売却によるものである。）

(2) 支　出

① 当年商品仕入高　　　　　　　　　　　30,292,000円

（年初商品棚卸高2,683,000円，年末商品棚卸高2,470,000円）

② 物品販売業に係る事業税納付額　　　　363,000円

③ 物品販売業に係る営業費　　　　　　　12,400,000円

1．総収入金額

$$\boxed{円} + \boxed{円} = \boxed{円}$$

2．必要経費

① 売上原価

$$\boxed{円} + \boxed{円} - \boxed{円} = \boxed{円}$$

② 営業費

$$\boxed{円} + \boxed{円} = \boxed{円}$$

3．事業所得の金額　　　必要経費（①＋②）

$$\boxed{円} - \boxed{円} = \boxed{円}$$

035 次の資料から下記の各種の評価方法によって，12月31日のA品棚卸評価額をそれぞれ計算しなさい。

11月30日	月末有高	200個	@¥150			
12月5日	仕　入	200個	@¥130	20日 売　上	150個	@¥200
7日	売　上	180個	@¥200	25日 仕　入	50個	@¥120
14日	仕　入	80個	@¥125	31日 月末有高	200個	

① 最終仕入原価法（法定評価方法・評価方法の届出をしなかった場合にはこの方法による）

$$\boxed{円} \times \boxed{（個）} = \boxed{円}$$

② 先入先出法

$$\boxed{円} \times \boxed{（個）} + \boxed{円} \times \boxed{（個）} + \boxed{円} \times \boxed{（個）}$$

$$= \boxed{円}$$

036 次の資料により，物品販売業を営む甲の本年分の事業所得の金額を計算しなさい。なお，同人は青色申告書の提出の承認を受けている。また65万円の青色申告特別控除を受ける要件を備えている。

＜資　料＞　物品販売業に係る損益計算書

損　益　計　算　書

自令和××年１月１日　至令和××年12月31日　　（単位：万円）

科目	金額	科目	金額
年初商品棚卸高	3,577,000	当年商品売上高	38,233,000
当年商品仕入高	22,719,000	年末商品棚卸高	1,852,000
青色事業専従者給与	2,400,000	雑収入	15,000
その他の諸経費	4,574,000		
当年利益	**6,830,000**		
	40,100,000		40,100,000

〔付記事項〕

(1) 当年商品売上高には，家事のために消費した商品の通常の販売価額相当額255,000円（仕入価額170,000円）が含まれている。

(2) 雑収入15,000円は，商品空箱の売却代金である。

(3) その他の諸経費は次のとおりである。

① 物品販売業に係る事業税納付額　272,000円

② 物品販売業に係る営業費　4,302,000円

１．総収入金額

□円 − □円 + □円(注) + □円

= □円

（注）家事消費の計算

□円 ＜ （□円 × 0.□ = □円）　∴ □円

２．必要経費

① 売上原価

□円 + □円 − □円 = □円

② 営業費

□円 + □円 = □円

③ 青色事業専従者給与　□円

３．事業所得の金額

□円 − □円（必要経費（①+②+③）） − □円（青色申告特別控除額） = □円

037 次の支出額または納付額のうち，事業所得等の金額の計算上必要経費に算入されないものはどれか，番号で答えなさい。

1．子供の大学入学に際し支払う入学金
2．所得税の本税の納付額
3．所得税の滞納により支払う延滞税
4．事業税の本税
5．事業税の滞納により支払う延滞金
6．交通違反をして支払った罰金
7．店舗の固定資産税
8．住民税
9．印紙税
10．店舗の所有権保存の登録免許税

038 次の文章の（　　）の中にあてはまる語又は数字を下から選んで記入しなさい（同じ数字を2回以上用いることがある）。

1．減価償却資産の償却費の計算方法は，資産の種類に応じて選定することができるが，その選定の届出をしなかった場合には，いわゆる有形固定資産については（イ.　　　　　）によることとされている。（ただし，平成10年4月1日以降に新たに取得する建物及び平成28年4月1日以後に取得する建物附属設備，構築物については，定額法に限定する。）
2．工具，器具，備品などのうち耐用年数が（ロ.　　　）年未満のものや，取得価額が（ハ.　　　）個又は（ニ.　　　）組（ホ.　　　　）万円未満のものは減価償却をしないで，使用開始した年の必要経費に算入できる。ただし，10万円以上20万円未満の資産については（ヘ.　　　）年で均等償却することが認められる。
3．中小企業者に該当する青色申告者が，その年に取得をした取得価額10万円以上30万円未満の減価償却資産の合計額のうち年（ト.　　　　　）以下の部分については，事業の用に供した年分の必要経費とされる。
4．購入した減価償却資産の取得価額は，原則として（チ.　　　　　　），荷役費，運送保険料，（リ.　　　　　　），（ヌ.　　　　）など購入のために要した費用を加算した代価と，その資産を（ル.　　　　）の用に供するために（ヲ.　　　　）要した費用の額との合計額とする。
5．減価償却資産につき選定した償却の方法を変更しようとするときは，新たな償却方法を採用しようとする年の（ワ.　　　　　）までに，所定の事項を記載した申請書を納税地の（カ.　　　　　　）に提出し，承認を受けなければならない。

1	5	10	定　額　法	定　率　法
購入手数料	関　　税	直　　接	引取運賃	事　　業
3年	300万円	所轄税務署長	3月15日	

039　本年中に取得した次の固定資産の減価償却費を計算しなさい。なお，償却方法に関する届出はなされていない。

	種　類	取得日	取得価額	耐用年数	償却率
①	車　両	7月1日	3,000,000円	5年	定額法0.200　定率法0.400
②	商品陳列棚	8月10日	1,620,000円	8年	定額法0.125　定率法0.250
③	備　品	10月5日	1,000,000円	15年	定額法0.067　定率法0.133

①　[　　　　　円] × [0.　　] × $\frac{6}{12}$ = [　　　　　円]

②　[　　　　　円] × [0.　　] × $\frac{5}{12}$ = [　　　　　円]

③　[　　　　　円] × [0.　　] × $\frac{3}{12}$ = [　　　　　円]

040　次の文章の（　　）の中にあてはまる語又は数字を下から選んで記入しなさい（同じ語を2回以上用いることがある）。

1．事業の遂行上生じた（イ.　　　　），（ロ.　　　　），（ハ.　　　　）その他これらに準ずる債権の貸倒により生じた損失の金額は，その損失を生じた年の（ニ.　　　　）に算入できる。

2．（ホ.　　　　）申告書を提出する者は，その事業の遂行上生じた（ヘ.　　　　），（ト.　　　　）など，（チ.　　　　）月（リ.　　　　）日現在の貸金について一定率を乗じた貸倒見込額を貸倒引当金勘定として設定し，その繰入額を（ヌ.　　　　）に算入できる。

3．必要経費に算入された貸倒引当金勘定の金額は，その繰入をした年の（ル.　　　　）分の（ヲ.　　　　）に算入する。

青　色	12	31	貸付金	翌　年
売掛金	必要経費	総収入金額	未収入金	

041　一括評価による貸倒引当金の設定の対象となる年末貸金の額は5,500,000円である。よって，貸倒引当金の金額を計算しなさい（繰入率は$\frac{55}{1000}$とする）。**2級**

[　　　　　円] × $\frac{55}{1000}$ = [　　　　　円]

042 次の資料により，貸倒引当金の金額を計算しなさい。**2級**

<資　料>

(1) 売掛金残高　　3,500,000円

(2) 受取手形残高　　2,000,000円

(3) 前渡金　　250,000円（翌年１月に店舗を改装するため工務店に前渡ししたもの。）

$\left(\boxed{\qquad\qquad 円} + \boxed{\qquad\qquad 円} \right) \times \frac{55}{1000} = \boxed{\qquad\qquad 円}$

043 次の文章の（　　）の中にあてはまる語又は数字を下から選んで記入しなさい。

同一世帯内の親族に地代，家賃，借入金の利子などを支払っても原則として必要経費には算入できないが，（イ.　　　　）申告者が営む事業に（ロ.　　　　）している同一世帯の親族（(ハ.　　　　）歳未満の人や（ニ.　　　　）控除，配偶者特別控除，（ホ.　　　　）控除を受ける人は除く）に支払う給与は，その金額が（ヘ.　　　　）であればその（ト.　　　　）を必要経費に算入できる。

ただし，その支払を受けた給与は，その専従者の（チ.　　　　）所得の収入金額として計算される。

給　与	適　正	専　従	扶　養	青　色
全　額	配偶者	15	18	

044 甲は，小売業を営んでいる。次の資料および付記事項にもとづいて，本年分の所得税の事業所得金額を甲に最も有利になるように計算しなさい。

<資　料>

損　益　計　算　書

自令和×年１月１日　至令和×年12月31日　　単位：円

費　用	金　額	収　益	金　額
年初商品棚卸高	1,500,000	当年商品売上高	23,000,000
当年仕入高	16,000,000	年末商品棚卸高	1,650,000
営業費	4,800,000	雑収入	300,000
当年利益	**2,650,000**		
	24,950,000		24,950,000

〔付記事項〕

1．甲は開業以来引続き青色申告書の提出の承認を受けており，すべての取引を正規の簿記の原則に従って記録し，これに基づいて損益計算書，貸借対照表を作成している。また電子申告により申告を行うものとする。

2．商品売上高のうちに，甲が家事のために消費した商品（仕入価額）100,000円が計上されている。この商品の通常の販売価額は150,000円である。

３．雑収入300,000円の内訳は，次のとおりである。

(1) 仕入商品空箱の売却代金と商品仕入に対するリベートとして受取った金品の合計額70,000円

(2) 友人に対する貸付金の利子30,000円

(3) 事業上の余裕資金を定期預金とした利息200,000円

４．営業費4,800,000円の内訳は，次のとおりである。

(1) 所得税納付額　　50,000円

(2) 住民税納付額　　70,000円

(3) 事業税納付額　　30,000円

(4) 家事費支払額　　200,000円

(5) その他の金額　　4,450,000円

この金額は，営業上の必要経費であり，適法に計算されている。

１．総収入金額

※家事消費不足額

[　　　　円] ＋ [　　　　円] ＋ [　　　　円] ＝ [　　　　円]

※家事消費不足額の計算

[　　　　円] < [　　　　円] × [0.　　] ＝ [　　　　円]

∴ [　　　　円] － [　　　　円] ＝ [　　　　円]

２．必要経費　①＋②＝ [　　　　円]

①　売上原価

[　　　　円] ＋ [　　　　円] － [　　　　円] ＝ [　　　　円]

②　営 業 費

[　　　　円] －（[　　　　円] ＋ [　　　　円] ＋ [　　　　円]）

＝ [　　　　円]

３．事業所得の金額

青色申告特別控除額

[　　　　円] － [　　　　円] － [　　　　円] ＝ [　　　　円]

発展問題

045 次の資料により，物品販売業を営むAの本年分の事業所得の金額を計算しなさい。

<資　料>　物品販売業に係る損益計算書

損　益　計　算　書

自令和６年１月１日　至令和６年12月31日　　（単位：万円）

科　目	金　額	科　目	金　額
年初商品棚卸高	3,754,000	当年商品売上高	64,383,000
当年商品仕入高	45,802,000	年末商品棚卸高	3,745,000
営業費	12,638,000	雑収入	3,850,000
青色事業専従者給与	3,500,000	貸倒引当金戻入	143,000
当年利益	**6,427,000**		
	72,121,000		72,121,000

〔付記事項〕

1．Aは開業した11年前から青色申告書の提出の承認を受けているが，棚卸資産の評価方法及び減価償却資産の償却方法については何らの届出も行っていない。

2．すべての取引を正規の簿記の原則にしたがっており，貸借対照表及び損益計算書を作成し，確定申告書に添付することとしている。また申告は電子申告により行うものとする。

3．当年商品売上高には，Aの友人に対する売上高150,000円が含まれているが，この商品の仕入価額は150,000円，通常の販売価額は220,000円である。

4．年末商品棚卸高は，先入先出法により評価したものであるが，最終仕入原価法による評価額は3,803,000円，移動平均法による評価額は3,682,000円である。なお，年末商品棚卸高のなかには，陳腐化のため通常の方法によって販売することができなくなった商品が含まれており，これに関する資料は次のとおりである。

原　価	年末処分可能価額
先入先出法…102,000円　最終仕入原価法…104,000円　移動平均法…99,000円	15,000円

5．雑収入の内訳は次のとおりである。

① 従業員寮の使用料収入　600,000円

　この使用料は，Aの営む物品販売業に従事する従業員に寮を使用させたことによるものである。

② 貸付金の利子収入（Aの営む事業の遂行上必要なもの）　225,000円

③ 仕入空箱の売却収入　25,000円

④ 満期の生命保険金　3,000,000円

6．貸倒引当金戻入は，令和５年において必要経費に算入した金額である。

7．営業費には次のものが含まれている。

① 従業員寮に係る経費　420,000円

② 得意先であるA社株式（上場株式等でない）を取得するための借入金の利子　120,000円

③ Aの営む事業に関連しない友人に対する中元・歳暮費用　200,000円

④ 家事関連費用　2,713,000円

⑤ 日本赤十字社に対する寄附金（Aの営む事業と関係ない）　395,000円

8．減価償却費 の計算は，本年８月10日に取得し同日より事業の用に供している商品陳列棚を除き，適正額が営業費に含まれている。

商品陳列棚の取得価額　1,620,000円　　耐用年数８年　　償却率　定額法…0.125

9．青色事業専従者給与は，Ａの営む事業に従事している妻に対して支給した金額で，労務の対価としての相当額である。なお，青色事業専従者給与に関する届出書に記載した金額は3,080,000円である。

10．一括評価による貸倒引当金の設定の対象となる年末貸金の額は2,850,000円である。

1．総収入金額

(1)　商品売上高

[　　円] ＋ (注)[　　円] ＝ [　　円]

(注) 低額譲渡高修正額の計算

[　　円] ＜ ([　　円] × [0.　　] ＝ [　　円])

∴ [　　円] － [　　円] ＝ [　　円]

(2)　雑　収　入

[　　円] ＋ [　　円] ＋ [　　円] ＝ [　　円]

(3)　貸倒引当金戻入　[　　円]

(4)　総収入金額合計　(1) ＋ (2) ＋ (3) ＝ [　　円]

2．必 要 経 費

(1)　売上原価

[　　円] ＋ [　　円] － (注)[　　円] ＝ [　　円]

(注) 年末商品棚卸高

[　　円] － [　　円] ＋ [　　円] ＝ [　　円]

(2)　営 業 費

[　　円] － [　　円] － [　　円] － [　　円]

－ [　　円] ＝ [　　円]

(3)　減価償却費

[　　円] × [0.　　] × [―] ＝ [　　円]

(4)　青色事業専従者給与　[　　円]

(5)　貸倒引当金繰入　[　　円] × [―] ＝ [　　円]

(6)　必要経費合計　(1) ＋ (2) ＋ (3) ＋ (4) ＋ (5) ＝ [　　円]

3．事業所得の金額

[　　円] － [　　円] － [　　円] ＝ [　　円]

5．給与所得

046 次の文章の（　　）の中にあてはまる語を下から選んで記入しなさい。

1．給与所得とは，俸給，（イ．　　　　），賃金，歳費及び（ロ．　　　　）並びにこれらの性質を有する給与に係る所得をいう。

2．給与所得者が受ける通勤手当（月額（ハ．　　　　）円まで）や旅費規程による（ニ．　　　　）は，非課税とされる。

賞　与	給　料	100,000	出　張　旅　費
150,000	電　話　代	退　職　金	50,000

047 次の収入金額のうち給与所得の収入金額となるものには○，ならないものには×を（　　）の中に記入しなさい。

1．（　　）プロ野球の選手が受ける報酬
2．（　　）医師が公立病院に委嘱されて行う休日診療による報酬
3．（　　）老年者の受ける公的年金
4．（　　）税理士の顧問先会社から受ける月極顧問料
5．（　　）外交員の受ける固定給
6．（　　）外交員の受ける出来高給
7．（　　）勤務先から受けた賞与
8．（　　）国会議員が受取った歳費
9．（　　）公務員が受ける俸給

所得税法の基礎知識が身につく

所得税法問題集

解答編

令和6年度版

EIKOSHA

001

イ	国内	ロ	国外	ハ	1	ニ	非居住者	ホ	居住者
ヘ	5	ト	内国法人	チ	外国法人	リ	人格のない社団等		

002

イ	住所地	ロ	税務署長	ハ	届出	ニ	居所地
ホ	居所地	ヘ	事業場	ト	届出	チ	事業場

003

イ	所得税	ロ	支払事務	ハ	支払	ニ	本店

004

イ	1月1日	ロ	12月31日	ハ	2月16日	ニ	3月15日
ホ	確定申告	ヘ	15万円	ト	3分の1	チ	所得税
リ	申告納税制度	ヌ	10日	ル	源泉徴収制度		

005

イ	国税	ロ	直接税	ハ	所得	ニ	職業
ホ	10	ヘ	山林	ト	退職		

006

1	利子所得	2	配当所得	3	不動産所得	4	事業所得	5	給与所得
6	退職所得	7	山林所得	8	譲渡所得	9	一時所得	10	雑所得

007

1．利子所得（ c ）　2．配当所得（ e ）　3．不動産所得（ a ）
4．事業所得（ a ）　5．給与所得（ f ）　6．譲渡所得（ d ）
7．一時所得（ h ）　8．雑所得（ a ）　9．山林所得（ g ）
10．退職所得（ b ）

008

イ	利子	ロ	配当	ハ	不動産	ニ	事業
ホ	給与	ヘ	雑	ト	譲渡	チ	一時

009

ア	退職所得金額	イ	山林所得金額	ウ	所得控除額	エ	課税総所得金額
オ	課税山林所得金額	カ	税率	キ	税率	ク	算出税額
ケ	税額控除額	コ	申告納税額				

010

1	2	3	4	5	6	7	8	9	10
○	×	○	×	○	×	○	×	○	×

011

1	2	4	5	7	8

012

イ	申告	ロ	帳簿書類	ハ	記帳	ニ	真実
ホ	経費	ヘ	不動産	ト	事業	チ	山林
リ	税務署長	ヌ	3月15日	ル	1月16日	ヲ	2

013

1．

イ	生計	ロ	15	ハ	1	ニ	6	ホ	適正
ヘ	税務署長	ト	全額	チ	必要経費	リ	給与	ヌ	収入

2．

イ	不動産	ロ	事業	ハ	山林	ニ	10	ホ	不動産
ヘ	事業	ト	不動産	チ	事業	リ	55		

3．

イ	事業	ロ	貸倒	ハ	必要経費

014

イ	預貯金	ロ	公社債投資信託	ハ	収益の分配	ニ	必要経費	ホ	収入金額
ヘ	収入金額	ト	源泉徴収	チ	15.315	リ	5	ヌ	確定申告

015

イ	預貯金	ロ	公社債投資信託	ハ	収入金額	ニ	350	ホ	非課税
ヘ	350	ト	地方債	チ	非課税	リ	550	ヌ	非課税
ル	財形貯蓄	ヲ	1	ワ	非課税				

016

銀行定期預金の利子 ……… 159,370円 ÷（1 − 0.20315）＝ 200,000円

社債の利子 ……………… 79,685円 ÷（1 − 0.20315）＝ 100,000円

貸付信託の収益の分配 …… 239,055円 ÷（1 − 0.20315）＝ 300,000円

利子所得の金額 …………… 200,000円 ＋ 100,000円 ＋ 300,000円 ＝ 600,000円

（注）上記0.20315は所得税（復興特別所得税含む）0.15315地方税0.05の合計である。

017 利子所得の金額の計算

(1) 143,433円 ÷（ 1 − 0.20315 ）＝ 180,000円

(2) 175,307円 ÷（ 1 − 0.20315 ）＝ 220,000円

(3) 159,370円 ÷（ 1 − 0.20315 ）＝ 200,000円

(4) 31,874円 ÷（ 1 − 0.20315 ）＝ 40,000円

(5) 239,055円 ÷（ 1 − 0.20315 ）＝ 300,000円

(6) 478,110円 ÷（ 1 − 0.20315 ）＝ 600,000円

（注）上記0.20315は，所得税（復興特別所得税含む）0.15315と地方税0.05の合計である。

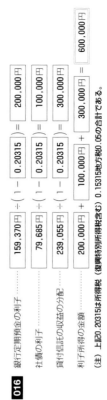

018

イ	剰余金	ロ	利益	ハ	剰余金	ニ	公社債	ホ	収益
ヘ	公社債	ト	収益	チ	利子	リ	収入金額	ヌ	配当所得
ル	元本	ヲ	負債の利子	ワ	収入金額	カ	負債の利子	ヨ	元本
タ	控除	レ	1	ソ	1	ツ	10	ネ	20.42

019

1. 238,740円 ÷ (1 − 0.2042) = 300,000円
2. 318,740円 ÷ (1 − 0.20315) = 400,000円
3. 159,375円 ÷ (1 − 0.20315) = 200,000円
4. 318,320円 ÷ (1 − 0.2042) = 400,000円
5. 239,055円 ÷ (1 − 0.20315) = 300,000円

(注) 上場株式等に係る配当等の源泉徴収は，復興特別所得税込みで20.315%（所得税15.315%，地方税5%），非上場株式等に係る配当等の源泉徴収は，復興特別所得税込みで20.42%（所得税のみ，地方税なし）である。

020

1. ① 収入金額　318,320円 ÷ (1 − 0.2042) = 400,000円
② 負債の利子　120,000円
③ 配当所得の金額　400,000円 − 120,000円 = 280,000円

2. ① 収入金額　238,740円 ÷ (1 − 0.2042) = 300,000円
② 負債の利子　72,000円
③ 配当所得の金額　300,000円 − 72,000円 = 228,000円

3. ① 収入金額　119,370円 ÷ (1 − 0.2042) = 150,000円
② 負債の利子　42,000円
③ 配当所得の金額　150,000円 − 42,000円 = 108,000円

021

イ	不動産	ロ	不動産	ハ	権利	ニ	船舶
ホ	航空機	ヘ	総収入金額	ト	必要経費		

022

1	2	3	4	5	6	7	8	9	10
○	○	○	×	○	△	○	△	○	△

※夏季だけ設置のバンガローの使用料は事業所得又は雑所得となる。

023

1. 総収入金額
2,447,000円 + 70,000円 − 140,000円 = 2,377,000円

2. 必要経費
187,000円 + 654,000円 = 841,000円

3. 不動産所得の金額
2,377,000円 − 841,000円 − 650,000円 = 886,000円

024

1. 総収入金額
4,768,000円 + 90,000円 − 45,000円 = 4,813,000円

2. 必要経費
235,000円 + 1,396,000円 = 1,631,000円

3. 不動産所得の金額
4,813,000円 − 1,631,000円 − 550,000円 = 2,632,000円

025

1. 総収入金額
2,400,000円 + 250,000円 + 60,000円 = 2,710,000円

2. 減価償却費
$\{(4{,}000{,}000円 - 400{,}000円) \times 0.04\} \times \frac{12}{12} = 144{,}000円$

3. 必要経費
50,000円 + 12,000円 + 100,000円 + 40,000円
+ 144,000円 = 346,000円

4. 不動産所得の金額
〔総収入金額〕　〔必要経費〕　〔青色申告特別控除額〕※
2,710,000円 − 346,000円 − 100,000円 = 2,264,000円
※事業的規模でない場合の青色申告特別控除額は10万円となる。

026

(1) 総収入金額
320,000円 + 6,240,000円 + 60,000円 + 250,000円
+ 360,000円 + 324,000円 + 528,000円 = 8,082,000円
※貸宅地の権利金は譲渡所得となる。

(2) 必要経費
80,000円 + 2,416,000円 + 52,000円 + 213,000円
= 2,761,000円

(3) 不動産所得の金額
8,082,000円 − 2,761,000円 − 650,000円 = 4,671,000円

※夏季だけ設置のバンガローの使用料は事業所得又は雑所得となる。

027

イ	小売業	ロ	事業	ハ	雑	ニ	譲渡	ホ	事業	ヘ	雑
ト	山林	チ	事業	リ	雑	ヌ	譲渡	ル	事業	ヲ	不動産

028

イ	事業	ロ	商品	ハ	原材料	ニ	減価償却	ホ	電話加入権
ヘ	3月15日	ト	所轄税務署長	チ	事業	リ	区分	ヌ	最終仕入原価法

029

1．事業所得の金額＝ **総収入金額** － **必要経費**

2．総収入金額＝ **純売上高** ＋雑収入等

純売上高＝ **総売上高** －売上値引・戻り高

3．必要経費＝ **売上原価** ＋営業経費等

売上原価＝ **年初棚卸高** ＋ **総仕入高** － **年末棚卸高**

純仕入高＝ **総仕入高** －仕入値引・戻し高

030

1．売上原価　300,000円 ＋ 1,600,000円 － 500,000円 ＝ 1,400,000円

2．売上総利益　3,000,000円 － 1,400,000円 ＝ 1,600,000円

031

摘要		金額	計算の過程
商品売上高（雑収入も含む）		12,290,000円	12,000,000＋290,000＝12,290,000
売上原価	年初商品棚卸高	800,000円	
	商品仕入高	6,950,000円	
	年末商品棚卸高	900,000円	
	売上原価	6,850,000円	800,000＋6,950,000－900,000＝6,850,000
営業費		3,540,000円	3,700,000－100,000－60,000＝3,540,000
事業所得の金額		1,900,000円	12,290,000－6,850,000－3,540,000＝1,900,000

032

15,000,000円 ＋ 326,000円（注1） － 60,000円 ＋ 73,500円（注2） ＝ 15,339,500円

（注1）家事消費高の計算

326,000円 ＞（ 460,000円 × 0.7 ＝ 322,000円 ）　∴ 326,000円

（注2）低額譲渡高修正額の計算

60,000円 ＜（ 105,000円 × 0.7 ＝ 73,500円 ）　∴ 73,500円

033

(a) 総収入金額

家事消費した棚卸資産の総収入金額算入の計算

取得価額……28,000円……………………A

通常の販売価額……35,000円×0.7＝ 24,500円 ………B

AとBのいずれか高い金額が総収入金額に算入する最低額である。

（棚卸資産を贈与した場合も同様に処理する。）

14,000,000円 ＋ 28,000円 ＋ 5,000円 ＝ 14,033,000円

(b) 売上原価

1,200,000円 ＋ 9,500,000円 － 1,800,000円 ＝ 8,900,000円

034

1．総収入金額

50,978,000円 ＋ 20,000円 ＝ 50,998,000円

2．必要経費

① 売上原価

2,683,000円 ＋ 30,292,000円 － 2,470,000円 ＝ 30,505,000円

② 営業費

363,000円 ＋ 12,400,000円 ＝ 12,763,000円

3．事業所得の金額

50,998,000円 － 43,268,000円（必要経費（①＋②）） ＝ 7,730,000円

035

① 最終仕入原価法（法定評価方法・評価方法の届出をしなかった場合にはこの方法による）

120円 × 200(個) ＝ 24,000円

② 先入先出法

130円 × 70(個) ＋ 125円 × 80(個) ＋ 120円 × 50(個)

＝ 25,100円

036

1．総収入金額

38,233,000円 － 255,000円 ＋ 178,500円（注） ＋ 15,000円

＝ 38,171,500円

（注）家事消費の計算

170,000円 ＜（ 255,000円 × 0.7 ＝ 178,500円 ）　∴ 178,500円

2．必要経費

① 売上原価

3,577,000円 ＋ 22,719,000円 － 1,852,000円 ＝ 24,444,000円

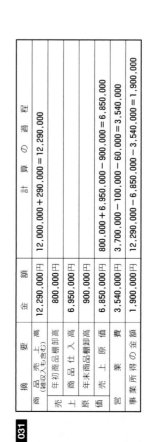

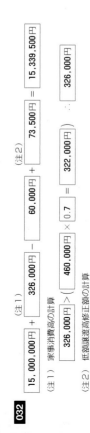

② 営 業 費

272,000円 ＋ 4,302,000円 ＝ 4,574,000円

③ 青色事業専従者給与 2,400,000円

3．事業所得の金額

38,171,500円 － 31,418,000円（必要経費（①+②+③)） － 650,000円（青色申告特別控除額） ＝ 6,103,500円

037

1	2	3	5	6	8

038

イ	定 額 法	ロ	1	ハ	1	ニ	1	ホ	10
ヘ	3	ト	300万円	チ	引 取 運 賃	リ	購入手数料	ヌ	関 税
ル	事 業	ヲ	直 接	ワ	3月15日	カ	所轄税務署長		

039

① 3,000,000円 × 0.200 × $\frac{6}{12}$ ＝ 300,000円

② 1,620,000円 × 0.125 × $\frac{5}{12}$ ＝ 84,375円

③ 1,000,000円 × 0.067 × $\frac{3}{12}$ ＝ 16,750円

040

イ	売 掛 金	ロ	貸 付 金	ハ	未収入金	ニ	必要経費	ホ	青 色	ヘ	売 掛 金
ト	貸 付 金	チ	12	リ	31	ヌ	必要経費	ル	翌 年	ヲ	総収入金額

041 5,500,000円 × $\frac{55}{1000}$ ＝ 302,500円

042 （3,500,000円 ＋ 2,000,000円）× $\frac{55}{1000}$ ＝ 302,500円

043

イ	青 色	ロ	専 従	ハ	15	ニ	配 偶 者
ホ	扶 養	ヘ	適 正	ト	全 額	チ	給 与

044 1．総収入金額

23,000,000円 ＋ 70,000円 ＋ 5,000円（※家事消費不足額） ＝ 23,075,000円

※家事消費不足額の計算

100,000円 ＜ 150,000円 × 0.7 ＝ 105,000円

∴ 105,000円 － 100,000円 ＝ 5,000円

2．必要経費 ①＋② ＝ 20,330,000円

① 売上原価

1,500,000円 ＋ 16,000,000円 － 1,650,000円 ＝ 15,850,000円

② 営 業 費

4,800,000円 －（50,000円 ＋ 70,000円 ＋ 200,000円）＝ 4,480,000円

3．事業所得の金額

23,075,000円 － 20,330,000円 － 650,000円（青色申告特別控除額） ＝ 2,095,000円

045 1．総収入金額

(1) 商品売上高

64,383,000円 ＋ 4,000円（注） ＝ 64,387,000円

（注）低額譲渡高修正額の計算

150,000円 ＜（220,000円 × 0.7 ＝ 154,000円）

∴ 154,000円 － 150,000円 ＝ 4,000円

(2) 雑 収 入

600,000円 ＋ 225,000円 ＋ 25,000円 ＝ 850,000円

(3) 貸倒引当金戻入 143,000円

(4) 総収入金額合計 (1)＋(2)＋(3) ＝ 65,380,000円

2．必 要 経 費

(1) 売上原価

3,754,000円 ＋ 45,802,000円 － 3,714,000円（注） ＝ 45,842,000円

（注）年末商品棚卸高

3,803,000円 － 104,000円 ＋ 15,000円 ＝ 3,714,000円

(2) 営 業 費

12,638,000円 － 120,000円 － 200,000円 － 2,713,000円

－ 395,000円 ＝ 9,210,000円

(3) 減価償却費

1,620,000円 × 0.125 × $\frac{5}{12}$ ＝ 84,375円

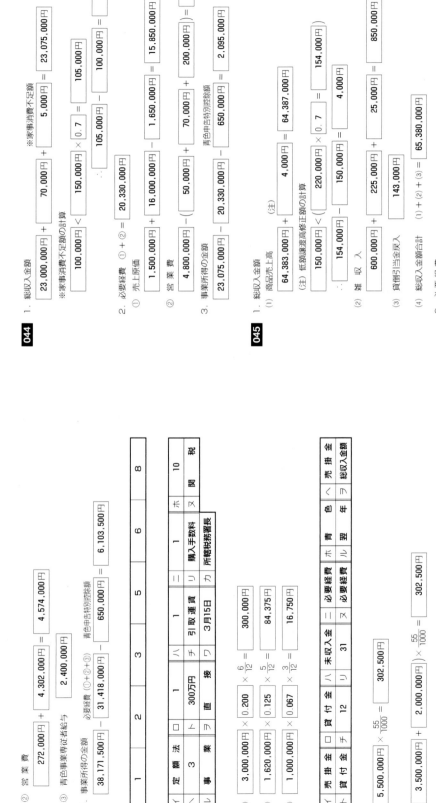

(4) 青色事業専従者給与　3,080,000円

(5) 貸倒引当金繰入　2,850,000円 × $\frac{55}{1000}$ ＝ 156,750円

(6) 必要経費合計　(1)＋(2)＋(3)＋(4)＋(5)＝ 58,373,125円

3．事業所得の金額

65,380,000円 － 58,373,125円 － 650,000円 ＝ 6,356,875円

046

イ	給　料	ロ	賞　与	ハ	150,000	ニ	出張旅費

047

1	×	2	○	3	×	4	×	5	○	6	×	7	○	8	○	9	○

048

1．収　入　金　額　2,500,000円 ＋ 900,000円 ＝ 3,400,000円

2．給与所得控除額　3,400,000円 × 0.3 ＋ 80,000円 ＝ 1,100,000円

3．給与所得の金額　3,400,000円 － 1,100,000円 ＝ 2,300,000円

049

1	2	3	4	5	6	7	8	9	10
○	○	×	○	○	×	○	×	○	△

050

1．

ア	イ	ウ	エ	オ	カ	キ	ク	ケ	コ
○	○	×	○	○	×	○	×	○	△

2．給与所得の金額の計算

(1) 収入金額

4,176,000円 ＋ 331,000円 ＋ 216,000円 ＋ 180,000円

＋ 120,000円 ＋ 1,392,000円 ＝ 6,415,000円

(2) 給与所得控除額

6,415,000円 × 20 % ＋ 440,000円 ＝ 1,723,000円

(3) 特定支出控除額　950,000円 ≦／＞ (1,723,000円 × $\frac{1}{2}$ ＝ 861,500円)

（いずれかに○）

∴ 950,000円 － 861,500円 ＝ 88,500円

(4) 給与所得の金額

6,415,000円 － 1,723,000円 － 88,500円 ＝ 4,603,500円

051

イ	一時恩給	ロ	一　時	ハ	給　与	ニ	収入金額	ホ	退職所得控除額
ヘ	$\frac{1}{2}$	ト	5	チ	$\frac{1}{2}$	リ	20	ヌ	80
ル	20	ヲ	800	ワ	70	カ	20	ヨ	1
タ	1								

052

1	2	3	4	5	6	7	8
△	△	×	□	△	○	○	×

053

(1) 1．勤続年数　6 年

2．退職所得控除額　400,000円 × 6 年 ＝ 2,400,000円

3．退職所得の金額　(2,600,000円 － 2,400,000円) × $\frac{1}{2}$ ＝ 100,000円

(2) 1．勤続年数　31 年

2．退職所得控除額　8,000,000円 ＋ 700,000円 × (31 年 － 20 年)

＝ 15,700,000円

3．退職所得の金額　(18,000,000円 － 15,700,000円) × $\frac{1}{2}$ ＝ 1,150,000円

054

1．

ア	イ	ウ	エ	オ	カ	キ	ク
△	△	×	□	△	○	○	×

2．退職所得の金額の計算

(1) 総収入金額

25,550,000円 ＋ 1,000,000円 ＝ 26,550,000円

(2) 勤続年数　36 年　5 か月　∴ 37 年

(3) 退職所得控除額

8,000,000円 ＋ 700,000円 × (37 年 － 20 年) ＝ 19,900,000円

(4) 退職所得の金額　(26,550,000円 － 19,900,000円) × $\frac{1}{2}$ ＝ 3,325,000円

055

イ	5	ロ	伐　採	ハ	譲　渡	ニ	5	ホ	事　業
ヘ	雑	ト	立　木	チ	果　樹	リ	桑　樹	ヌ	茶　樹
ル	総収入金額	ヲ	必要経費	ワ	10	カ	不動産	ヨ	事　業
タ	50								

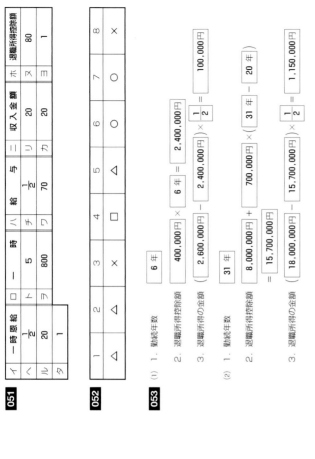

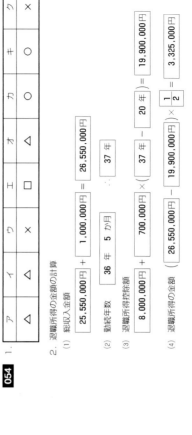

056 (1) 1．総収入金額　8,960,000円

2．必要経費　3,850,000円 ＋ 1,450,000円 ＝ 5,300,000円

3．山林所得の金額　8,960,000円 － 5,300,000円 － 500,000円

＝ 3,160,000円

(2) 1．総収入金額　12,000,000円

2．必要経費　2,500,000円 ＋ 3,360,000円 ＋ 600,000円

＝ 6,460,000円

3．山林所得の金額　12,000,000円 － 6,460,000円 － 500,000円

＝ 5,040,000円

057

イ	資　産	ロ	不動産	ハ	動　産	ニ	無　形
ホ	交　換	ヘ	贈　与	ト	生活用動産	チ	非課税
リ	30万円						

058

1	×	2	×	3	○	4	×	5	×	6	×	7	○	8	◎	9	○

059

イ	総所得	ロ	総　合	ハ	5	ニ	総収入金額	ホ	取得費
ヘ	譲渡費用	ト	総収入金額	チ	取得費	リ	譲渡費用	ヌ	50
ル	50	ヲ	$\frac{1}{2}$	ワ	税　率	カ	分　離	ヨ	1
タ	1	レ	5	ソ	総収入金額	ツ	取得費	ネ	譲渡費用
ナ	総収入金額	ラ	取得費	ム	譲渡費用				

060 (1) 2,800,000円 －（2,000,000円 ＋ 200,000円）－ 500,000円

＝ 100,000円

(2) 28,000,000円 －（25,500,000円 ＋ 945,000円）＝ 1,555,000円

(3) 1．分離（長期）　20,000,000円 －（16,000,000円 ＋ 700,000円）

＝ 3,300,000円

2．総合（長期）　3,000,000円 －（1,800,000円 ＋ 40,000円）

－ 500,000円 ＝ 660,000円

3．総所得金額に算入される金額　660,000円 × $\frac{1}{2}$ ＝ 330,000円

061 1．

	ア	イ	ウ	エ	オ
(1)	○	○	×	○	×
(2)	B	A		A	

2．総所得金額計算

(1) 譲渡所得の金額

① 総合短期譲渡所得の金額

（3,600,000円 ＋ 2,750,000円）－（3,280,000円 ＋ 2,136,500円）

－ 500,000円 ＝ 433,500円

② 総合長期譲渡所得の金額

4,000,000円 － 2,385,400円 ＝ 1,614,600円

(2) 総所得金額

6,345,000円 ＋ 433,500円 ＋ 1,614,600円 × $\frac{1}{2}$ ＝ 7,585,800円

062

イ	継　続	ロ	労　務	ハ	報　酬	ニ	譲　渡	ホ	一　時
ヘ	総収入金額	ト	支　出	チ	50	リ	長　期	ヌ	$\frac{1}{2}$

063

1	○	2	×	3	×	4	×	5	×	6	○	7	○	8	×	9	○

064 1．一時所得の金額

｛750,000円 ＋ 200,000円 ＋（1,400,000円 － 780,000円）｝

－ 500,000円 ＝ 1,070,000円

2．総所得金額に算入される一時所得

1,070,000円 × $\frac{1}{2}$ ＝ 535,000円

065

イ	該　当	ロ	総収入金額	ハ	必要経費	ニ	講演料	ホ	利　子
ヘ	定期積金	ト	還　付	チ	貸付金	リ	リベート	ヌ	通　常
ル	以　内	ヲ	貸　付	ワ	売　買				

066 1．総収入金額　20,000円 ＋ 53,874円 ÷（1 － 0.1021）＋ 394,000円

＝ 474,000円

2．必要経費　283,000円

3．雑所得の金額　474,000円 － 283,000円 ＝ 191,000円

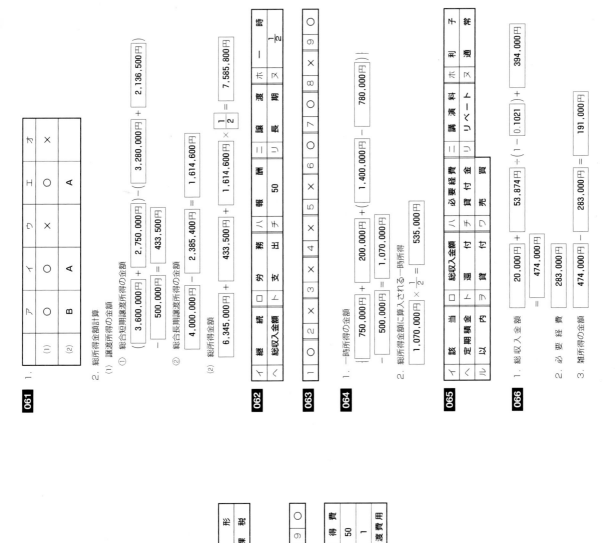

067

A 群	1	2	3	4	5	6	7	8	9	10
B 群	チ	ホ	ヌ	リ	イ	ハ	ニ	ヘ	ト	ロ
C 群	c	e	a	a	f	b	g	d	h	a

068

(1)	(2)	(3)	(4)	(5)	(6)
非課税	給与所得	利子所得	譲渡所得	一時所得	雑所得
(7)	(8)	(9)	(10)	(11)	(12)
配当所得	不動産所得	事業所得	退職所得	非課税	山林所得

069

(1)	(2)	(3)	(4)	(5)	(6)
譲渡所得	雑所得	非課税	給与所得	配当所得	山林所得
(7)	(8)	(9)	(10)	(11)	(12)
不動産所得	一時所得	事業所得	非課税	退職所得	利子所得

070

(1)	(2)	(3)	(4)	(5)	(6)	(7)	(8)	(9)	(10)
○	○	×	○	×	○	○	○	×	×

071

(1)	(2)	(3)	(4)	(5)	(6)	(7)	(8)	(9)	(10)
×	×	×	○	×	○	○	×	×	○

072

イ	住所地	ロ	15万円	ハ	所得税	ニ	事業所得
ホ	所轄税務署長	ヘ	青色	ト	退職手当	チ	退職
リ	一時金	ヌ	航空機	ル	譲渡所得	ヲ	最終仕入原価法
ワ	1年	カ	10万円	ヨ	必要経費	タ	生計
レ	15歳	ソ	事業				

073

イ	課税標準	ロ	山林所得金額	ハ	総合課税	ニ	緩和	ホ	退職所得
ヘ	総所得金額	ト	不動産所得	チ	譲渡所得	リ	損益通算	ヌ	事業所得
ル	純損失の金額								

074

区分	金額	計算過程
総所得金額	8,651,575円	240,500円 + 339,000円 + 7,447,075円 + 120,000円 + (660,000円 + 350,000円) × $\frac{1}{2}$ = 8,651,575円
長期譲渡所得の金額	3,300,000円	
合計	11,951,575円	

075

イ	配偶者※1	ロ	配偶者特別※1	ハ	扶養※1	ニ	医療費※2
ホ	障害者※2	ヘ	寡婦※2	ト	ひとり親※2	チ	勤労学生※2
リ	社会保険料※3	ヌ	生命保険料※3	ル	地震保険料※3	ヲ	寄附金※3

※1，※2，※3はそれぞれ順不同。

076

イ	48	ロ	38	ハ	70	ニ	48	ホ	48	ヘ	38	ト	70	チ	48
リ	58	ヌ	16	ル	19	ヲ	23	ワ	63	カ	27	ヨ	40	タ	75
レ	48														

077

区分	金額	計算過程
1.配偶者控除	380,000円	
2.扶養控除	1,590,000円	長女 380,000円 + 長男 630,000円 + 実父 580,000円 = 1,590,000円
3.基礎控除	480,000円	
4.所得控除合計	2,450,000円	1 + 2 + 3 = 2,450,000円

078

区分	金額	計算過程
1.障害者控除	750,000円	
2.配偶者控除	380,000円	
3.扶養控除	1,210,000円	長女 630,000円 ＋ 次男 0円 ＋ 実父 580,000円 ＝ 1,210,000円
4.基礎控除	480,000円	
5.所得控除合計	2,820,000円	1＋2＋3＋4＝ 2,820,000円

079

イ	200	ロ	医療費控除	ハ	保険金	ニ	5	ホ	10	ヘ	27
ト	40	チ	75	リ	27	ヌ	35	ル	ひとり親	ヲ	生計
ワ	500	カ	75	ヨ	10	タ	勤労学生	レ	27		

080

380,000円 － { 4,000,000円 × 5%＝ 200,000円 ①　／　100,000円 ② } ①②のうちいずれか少ない方の金額

＝ 280,000円

081

区分	金額	計算過程
1.医療費控除	241,400円	341,400円 － { 6,000,000円 × 5%＝ 300,000円 ①　／　100,000円 ② } ①②のうちいずれか少ない方の金額 ＝ 241,400円
2.障害者控除	270,000円	
3.配偶者控除	380,000円	
4.扶養控除	1,590,000円	長男 630,000円 ＋ 長女 380,000円 ＋ 妻の母 580,000円 ＝ 1,590,000円
5.基礎控除	480,000円	
6.所得控除合計	2,961,400円	1＋2＋3＋4＋5＝ 2,961,400円

082

ア	社会保険料	イ	全額	ウ	国民年金	エ	介護	オ	本人
カ	生命保険料	キ	生命保険	ク	個人年金保険	ケ	50,000	コ	$\frac{1}{2}$
サ	12,500	シ	$\frac{1}{4}$	ス	25,000	セ	生命保険	ソ	個人年金保険
タ	介護医療保険	チ	40,000	ツ	$\frac{1}{2}$	テ	10,000	ト	$\frac{1}{4}$
ナ	20,000	ニ	所有	ヌ	50,000	ネ	全額	ノ	地震保険料
ハ	寄附金	ヒ	40	フ	少ない	ヘ	2,000		

083

(1) ① 一般の生命保険料

5,000円 ＜ 25,000円　∴ 5,000円

② 個人年金保険料

19,000円 ＜ 25,000円　∴ 19,000円

③ 生命保険料控除額

5,000円 ＋ 19,000円 ＝ 24,000円

(2) ① 一般の生命保険料

(30,000円 × $\frac{1}{2}$ ＋ 10,000円) ＝ 25,000円

② 個人年金保険料

(80,000円 × $\frac{1}{4}$ ＋ 25,000円) ＝ 45,000円

③ 生命保険料控除額

25,000円 ＋ 45,000円 ＝ 70,000円

(3) ① 一般の生命保険料

120,000円 ＞ 100,000円　∴ 50,000円

② 介護医療保険料

(50,000円 × $\frac{1}{4}$ ＋ 20,000円) ＝ 32,500円

③ 生命保険料控除額

50,000円 ＋ 32,500円 ＝ 82,500円

084

(1) Dが支払った地震保険料　30,000円

30,000円 ≦ 50,000円（最高限度額）　∴ 30,000円

(2) Eが支払った地震保険料　60,000円

60,000円 ＞ 50,000円（最高限度額）　∴ 50,000円

085

20,000円 + 5,000円 = 25,000円
5,000,000円 × 0.4 = 2,000,000円
} いずれか少ない金額

25,000円 − 2,000円 = 23,000円

086

区分	金額	計算過程
1.医療費控除	145,720円	
2.社会保険料控除	678,400円	
3.生命保険料控除	94,700円	① 一般の生命保険料 支払額が 100,000円 を超えるため 50,000円 ② 個人年金保険料 78,800円 × $\frac{1}{4}$ + 25,000円 = 44,700円 ③ 控除額 ① + ② = 94,700円
4.障害者控除	270,000円	
5.扶養控除	1,210,000円	長女 630,000円 + 実母 580,000円 = 1,210,000円
6.基礎控除	480,000円	
7.所得控除合計	2,878,820円	1 + 2 + 3 + 4 + 5 + 6 = 2,878,820円

087

区分	金額	計算過程
1.医療費控除	87,330円	
2.社会保険料控除	865,000円	
3.生命保険料控除	86,500円	① 一般の生命保険料 86,000円 × $\frac{1}{4}$ + 25,000円 = 46,500円 ② 介護医療保険料 支払額が 80,000円 を超えるため 40,000円 ③ 控除額 ① + ② = 86,500円
4.地震保険料控除	50,000円	支払額が 50,000円 を超えるため 50,000円
5.障害者控除	270,000円	
6.配偶者控除	260,000円	
7.扶養控除	1,590,000円	長女 380,000円 + 次男 630,000円 + 実父 580,000円 = 1,590,000円
8.基礎控除	480,000円	
9.所得控除合計	3,688,830円	1 + 2 + 3 + 4 + 5 + 6 + 7 + 8 = 3,688,830円
10.課税総所得金額	5,533,000円	9,221,900円 − 3,688,830円 = 5,533,070円 → 5,533,000円（1,000円未満切捨て）

（注）900万円＜9,221,900円（合計所得金額）≦950万円　よって配偶者控除額は26万円となる。

088

区分	金額	計算過程
1.医療費控除	235,000円	335,000円 − {10,000,000円 × 5% = 500,000円 ①, 100,000円 ②} ①②のうちいずれか少ない方の金額 = 235,000円
2.社会保険料控除	865,000円	
3.生命保険料控除	86,000円	① 一般の生命保険料控除額 64,000円 × $\frac{1}{4}$ + 20,000円 = 36,000円 ② 個人年金保険料控除額 120,000円 > 100,000円 ∴ 50,000円 ③ 合計 36,000円 + 50,000円 = 86,000円
4.地震保険料控除	36,000円	36,000円 ≦ 50,000円 ∴ 36,000円
5.寄附金控除	58,000円	{60,000円 ①, 10,000,000円 × 40% = 4,000,000円 ②} − 2,000円 ①②のうちいずれか少ない方の金額 = 58,000円
6.障害者控除	750,000円	
7.配偶者控除	130,000円	
8.扶養控除	1,210,000円	長女 630,000円 + 妻の母 580,000円 = 1,210,000円
9.基礎控除	480,000円	
10.所得控除合計	3,850,000円	
11.課税総所得金額	6,150,000円	10,000,000円 − 3,850,000円 = 6,150,000円

(注) 950万円<1,000万円≦1,000万円　よって配偶者控除額は13万円となる。

089

事業所得の金額　3,500,000円 − 1,024,000円 = 2,476,000円

一時所得の金額　756,000円 − 165,000円 − 500,000円 = 91,000円

雑所得の金額　90,000円 − 25,000円 = 65,000円

総所得金額　2,476,000円 + 91,000円 × $\frac{1}{2}$ + 65,000円 = 2,586,500円

所得控除額：社会保険料控除額 ………… 176,000円

生命保険料控除額　29,000円 × $\frac{1}{2}$ + 12,500円 = 27,000円

地震保険料控除額 ………… 12,000円

寄附金控除額 ………… 120,000円 − 2,000円 = 118,000円

配偶者控除額 ………… 380,000円

扶養控除額 ………… 380,000円 × 2 = 760,000円

基礎控除額 ………… 480,000円

合計　1,953,000円

課税総所得金額 ………… 2,586,500円 − 1,953,000円 = 633,500円 → 633,000円

090

〔1〕事業所得金額

1. 総収入金額　19,220,000円 + 32,000円 = 19,252,000円

2. 必要経費　(1) 売上原価　1,800,000円 + 13,680,000円 − 2,040,000円
= 13,440,000円

(2) 営業費　3,414,000円 − 84,000円 − 62,000円
− 900,000円 − 72,000円 = 2,296,000円

3. 事業所得金額　19,252,000円 − (13,440,000円 + 2,296,000円) = 3,516,000円

〔2〕不動産所得金額　828,000円 − 128,000円 − 650,000円（青色申告特別控除額） = 50,000円

〔3〕総所得金額　3,516,000円 + 50,000円 = 3,566,000円

〔4〕所得控除額

(1) 社会保険料控除　190,000円 + 160,000円 = 350,000円

(2) 生命保険料控除　62,800円 × $\frac{1}{4}$ + 20,000円 = 35,700円

(3) 配偶者控除　380,000円

(4) 扶養控除　630,000円 + 380,000円 + 480,000円 = 1,490,000円

(5) 基礎控除　480,000円

(6) 所得控除額合計　350,000円 + 35,700円 + 380,000円 + 1,490,000円
+ 480,000円 = 2,735,700円

〔5〕課税総所得金額　3,566,000円 − 2,735,700円 = 830,300円
↓
1,000円未満（**切捨**）830,000円

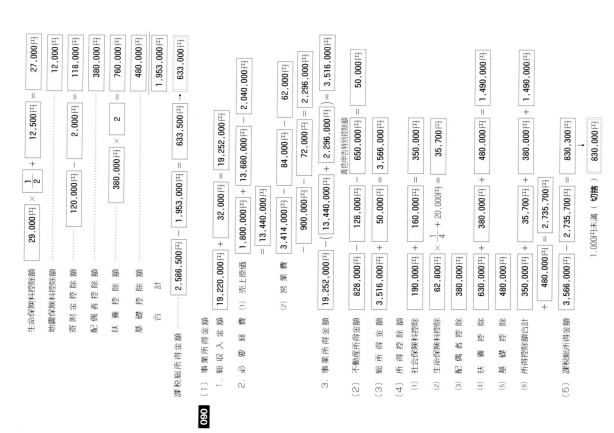

091 1．各種所得の金額及び総所得金額の計算

区　分	金　額	計　算　過　程
（**配　当**）所得	① 300,000円	238,740円 ÷（1 − 0.2042）＝ 300,000円
不動産所得	② 1,222,000円	(1)　総収入金額 3,368,000円 ＋ 84,000円 − 168,000円 ＝ 3,284,000円 (2)　必要経費 314,000円 ＋ 1,098,000円 ＝ 1,412,000円 (3)　不動産所得の金額 3,284,000円 − 1,412,000円 − 650,000円 ＝ 1,222,000円
事業所得	③ 8,619,400円	(1)　総収入金額　（注） 85,642,000円 ＋ 400,400円 ＋ 2,000円 ＝ 86,044,400円 （注）家事消費の計算 344,000円 ＜（572,000円 × 0.7 ＝ 400,400円）　∴ 400,400円 (2)　必要経費 ㋐　売上原価 4,507,000円 ＋ 50,889,000円 − 4,149,000円 ＝ 51,247,000円 ㋑　営業費　（注）減価償却費 609,000円 ＋ 20,833,000円 ＋ 200,000円 ＝ 21,642,000円 （注）減価償却費の計算 3,000,000円 × 0.200 × $\frac{4}{12}$ ＝ 200,000円 ㋒　青色事業専従者給与　4,536,000円 (3)　事業所得の金額　必要経費(㋐+㋑+㋒) 86,044,400円 − 77,425,000円 ＝ 8,619,400円
（**一　時**）所得	④ 120,000円	1,400,000円 − 780,000円 − 500,000円 ＝ 120,000円
（**雑**）所得	⑤ 26,000円	
総所得金額	⑥ 10,227,400円	① ＋ ② ＋ ③ ＋ ④ × $\frac{1}{2}$ ＋ ⑤ ＝ 10,227,400円

2．所得控除額及び課税総所得金額の計算

区　分	金　額	計　算　過　程
（**医療費**）控除	⑦ 128,520円	
社会保険料控除	⑧ 932,000円	
生命保険料控除	⑨ 86,000円	㋐　一般の生命保険料の限度額 64,000円 × $\frac{1}{4}$ ＋ 20,000円 ＝ 36,000円 ㋑　個人年金保険料の限度額 支払額が 100,000円 を超えるため 50,000円 ㋒　控除額 ㋐ ＋ ㋑ ＝ 86,000円
地震保険料控除	⑩ 50,000円	支払額が 50,000円 を超えるため 50,000円
障害者控除	⑪ 270,000円	
配偶者控除	⑫ 0円	10,227,400円＞1,000万円　∴ 0
扶養控除	⑬ 1,590,000円	長女 380,000円 ＋ 次女 630,000円 ＋ 実父 580,000円 ＝ 1,590,000円
基礎控除	⑭ 480,000円	
所得控除合計	⑮ 3,536,520円	⑦ ＋ ⑧ ＋ ⑨ ＋ ⑩ ＋ ⑪ ＋ ⑫ ＋ ⑬ ＋ ⑭ ＝ 3,536,520円
課税総所得金額	⑯ 6,690,000円	⑥ − ⑮ ＝ 6,690,880円 → 6,690,000円（1,000円未満切り捨て）

※**Aの合計所得金額(10,227,400円)＞1,000万円　よって配偶者控除は適用できない。**

092

イ	総所得	ロ	退職	ハ	譲渡	ニ	分離	ホ	総所得

093

イ	累進	ロ	速算	ハ	1,000	ニ	5分の1	ホ	5倍

094 イ．430万円の場合

430万円 × 20 % − 427,500円 = 432,500円

ロ．1,380万円の場合

1,380万円 × 33 % − 1,536,000円 = 3,018,000円

ハ．2,100万円の場合

2,100万円 × 40 % − 2,796,000円 = 5,604,000円

ニ．8,400万円の場合

8,400万円 × 45 % − 4,796,000円 = 33,004,000円

095 (1) 課税長期譲渡所得金額が2,450,000円

2,450,000円 × 15 % = 367,500円

(2) 課税短期譲渡所得金額が1,080,000円

1,080,000円 × 30 % = 324,000円

096 (1) 課税山林所得金額が1,580,000円

{(1,580,000円 ÷ 5 = 316,000円) × 5 % = 15,800円} × 5

= 79,000円

(2) 課税山林所得金額が15,000,000円

{(15,000,000円 ÷ 5 = 3,000,000円) × 10 % − 97,500円

= 202,500円} × 5 = 1,012,500円

097

3	4	8

098

イ	税　額	ロ	配　当	ハ	税　額	ニ	1,000	ホ	10	ヘ	1,000
ト	1,000	チ	5	リ	1,000	ヌ	10	ル	配　当		

099

500万円 × 20 % − 427,500円 = 572,500円

572,500円 − 50,000円 = 522,500円

100

イ	給　　与	ロ	源泉徴収	ハ	申告納税	ニ	還　　付

101 ●課税所得金額の計算

区　分	金　額	計　算　過　程
課税総所得金額	4,882,000円	8,651,575円 − 3,769,000円 = 4,882,000円 （1,000円未満切捨）
課税長期譲渡所得金額	3,300,000円	（1,000円未満切捨）
合　計	8,182,000円	（1,000円未満切捨）

●納付税額の計算

区　分	金　額	計　算　過　程
課税総所得金額に対する税額	548,900円	4,882,000円 × 20% − 427,500円 = 548,900円
課税長期譲渡所得金額に対する税額	495,000円	3,300,000円 × 15% = 495,000円
算出税額	① 1,043,900円	
配当控除	② 24,050円	240,500円 × 10% = 24,050円
差引所得税額（基準所得税額）	③ 1,019,850円	① 1,043,900円 − ② 24,050円 = 1,019,850円
復興特別所得税額	④ 21,416円	③ 1,019,850円 × 2.1% = 21,416円
合計税額	⑤ 1,041,266円	③ 1,019,850円 + ④ 21,416円 = 1,041,266円
源泉徴収税額	⑥ 62,500円	
申告納付税額	⑦ 978,700円	⑤ 1,041,266円 − ⑥ 62,500円 = 978,700円 （100円未満切捨）

102 ●課税所得金額の計算

区分	金額	計算過程
課税総所得金額	2,918,000円	6,547,695円 − 3,629,250円 = 2,918,000円 (1,000円未満切捨)
課税長期譲渡所得金額	1,555,000円	(1,000円未満切捨)
課税山林所得金額	5,040,000円	(1,000円未満切捨)
合計	9,513,000円	

●納付税額の計算

区分	金額	計算過程
課税総所得金額に対する税額	194,300円	2,918,000円 × 10% − 97,500円 = 194,300円
課税長期譲渡所得金額に対する税額	233,250円	1,555,000円 × 15% = 233,250円
課税山林所得金額に対する税額	252,000円	{(5,040,000円 ÷ 5 = 1,008,000円) × 5% = 50,400円} × 5 = 252,000円
算出税額	① 679,550円	
配当控除	② 25,500円	255,000円 × 10% = 25,500円
差引所得税額(基準所得税額)	③ 654,050円	① 679,550円 − ② 25,500円 = 654,050円
復興特別所得税額	④ 13,735円	③ 654,050円 × 2.1% = 13,735円
合計税額	⑤ 667,785円	③ 654,050円 + ④ 13,735円 = 667,785円
源泉徴収税額	⑥ 76,575円	375,000円 × 20.42% = 76,575円
申告納付税額	⑦ 591,200円	⑤ 667,785円 − ⑥ 76,575円 = 591,200円 (100円未満切捨)

103 ●各種所得の金額の計算

区分	金額	計算過程
配当所得	148,000円	1. 収入金額 175,076円 ÷ 0.7958 = 220,000円 2. 負債の利子 72,000円 3. 配当所得の金額 1 − 2 = 148,000円
事業所得	6,026,000円	
山林所得	3,125,000円	1. 総収入金額 10,000,000円 2. 必要経費 3,000,000円 + 2,850,000円 + 525,000円 = 6,375,000円 3. 山林所得の金額 1 − 2 − 500,000円 = 3,125,000円
分離(**長**)期譲渡所得	2,849,000円	9,700,000円 −(6,500,000円 + 351,000円) = 2,849,000円
(**一時**)所得	621,000円	6,078,000円 − 4,957,000円 − 500,000円 = 621,000円
(**雑**)所得	147,000円	(161,622円 ÷ 0.8979 = 180,000円) − 33,000円 = 147,000円

●課税標準額の計算

区分	金額	計算過程
総所得金額	6,631,500円	148,000円 + 6,026,000円 + 147,000円 + 621,000円 × $\frac{1}{2}$ = 6,631,500円
長期譲渡所得の金額	2,849,000円	
山林所得金額	3,125,000円	
合計	12,605,500円	

●所得控除額の計算

区　分	金　額	計　算　過　程
医療費控除	241,400円	341,400円 − {12,605,500円 × 5% = 630,275円 ①、100,000円 ②} ①②のうちいずれか少ない方の金額 = 241,400円
社会保険料控除	727,000円	
生命保険料控除	88,250円	① 介護医療保険料控除額 135,000円 > 80,000円 ∴ 40,000円 ② 個人年金保険料控除額 93,000円 × $\frac{1}{4}$ + 25,000円 = 48,250円 ③ 合計 40,000円 + 48,250円 = 88,250円
地震保険料控除	24,000円	
寄附金控除	198,000円	{200,000円 ①、12,605,500円 × 40% = 5,042,200円 ②} ①②のうちいずれか少ない方の金額 − 2,000円 = 198,000円
障害者控除	270,000円	
配偶者控除	0円	
配偶者特別控除	0円	
扶養控除	1,010,000円	長男 630,000円 + 長女 380,000円 + 次男 0円 = 1,010,000円
基礎控除	480,000円	
所得控除合計	3,038,650円	

※妻は青色事業専従者のため，配偶者控除も配偶者特別控除も適用がない。

●課税所得金額の計算

区　分	金　額	計　算　過　程
課税総所得金額	3,592,000円	6,631,500円 − 3,038,650円 = 3,592,000円 (1,000円未満切捨)
課税長期譲渡所得金額	2,849,000円	(1,000円未満切捨)
課税山林所得金額	3,125,000円	(1,000円未満切捨)
合　計	9,566,000円	

●納付税額の計算

区　分	金　額	計　算　過　程
課税総所得金額に対する税額	290,900円	3,592,000円 × 20% − 427,500円 = 290,900円
課税長期譲渡所得金額に対する税額	427,350円	2,849,000円 × 15% = 427,350円
課税山林所得金額に対する税額	156,250円	{(3,125,000円 ÷ 5 = 625,000円) × 5% = 31,250円} × 5 = 156,250円
算出税額	① 874,500円	
配当控除	② 14,800円	148,000円 × 10% = 14,800円
差引所得税額（基準所得税額）	③ 859,700円	① 874,500円 − ② 14,800円 = 859,700円
復興特別所得税額	④ 18,053円	③ 859,700円 × 2.1% = 18,053円
合計税額	⑤ 877,753円	③ 859,700円 + ④ 18,053円 = 877,753円
源泉徴収税額	⑥ 63,302円	220,000円 × 20.42% + 180,000円 × 10.21% = 63,302円
申告納付税額	⑦ 814,400円	⑤ 877,753円 − ⑥ 63,302円 = 814,400円 (100円未満切捨)

104

イ	1月1日	ロ	12月31日	ハ	2月16日	ニ	3月15日	ホ	税務署長
ヘ	確定申告	ト	源泉徴収	チ	予定納税	リ	予定納税	ヌ	確定申告
ル	復興特別所得税								

105

イ	15	ロ	$\frac{1}{3}$	ハ	予定	ニ	5月15日	ホ	6月15日	ヘ	書面	ト	7月1日
チ	7月31日	リ	11月1日	ヌ	11月30日	ル	予定	ヲ	$\frac{1}{3}$	ワ	100	カ	切り捨てる

106

イ	分離	ロ	控除	ハ	税率	ニ	税額	ホ	確定
ヘ	2月16日	ト	3月15日	チ	納税地	リ	納付		

107

イ	予定	ロ	源泉徴収	ハ	確定申告	ニ	年末調整

108

A 群	B 群	C 群
イ	d	乙
ロ	c	甲
ハ	a	丁
ニ	b	丙

109

イ	申告	ロ	支払	ハ	源泉	ニ	支払	ホ	脱税	ヘ	申告
ト	給与	チ	調整	リ	利子	ヌ	配当	ル	申告	ヲ	源泉

110

イ	利子	ロ	配当	ハ	給与	ニ	所得税
ホ	10	ヘ	扶養控除	ト	2,000	チ	年末調整

111

イ	5,740	ロ	575,000	ハ	6.126	ニ	35,224
ホ	57,800	ヘ	575,000	ト	30.63	チ	176,122

112

	区分		金額	税額
	給料・手当等		① 7,200,000 円	② 254,880 円
	賞与等		③ 2,400,000	④ 441,070
	計		⑤ 9,600,000	⑥ 695,950
年末調整	給与所得控除後の給与等の金額		⑦ 7,650,000	
	社会保険料等控除額	給与等からの控除分	⑧ 600,000	配偶者の合計所得金額 (0 円) 旧長期損害保険料支払額 (0 円) ⑧のうち小規模企業共済等掛金の金額 (0 円) ⑨のうち国民年金保険料等の金額 (0 円)
		申告による社会保険料の控除分	⑨	
		申告による小規模企業共済等掛金の控除分	⑩	
	生命保険料の控除額		⑪ 45,000	
	地震保険料の控除額		⑫ 12,000	
	配偶者特別控除額		⑬	
	配偶者控除額，扶養控除額，基礎控除額及び障害者等の控除額の合計額		⑭ 2,000,000	
	所得控除額の合計額 (⑧＋⑨＋⑩＋⑪＋⑫＋⑬＋⑭)		⑮ 2,657,000	
	差引課税給与所得金額（⑦－⑮）及び算出年税額		⑯ (1,000円未満切捨て) 4,993,000	⑰ 571,100
	（特定増改築等）住宅借入金等特別控除額			⑱
	年調所得税額（⑰－⑱，マイナスの場合は０）			⑲ 571,100
	年調年税額（⑲ × 102.1％）			⑳ (100円未満切捨て) 583,000
	差引 (超過額) 又は不足額（⑳－⑥）			㉑ 112,950

⑦の計算　9,600,000円 － 1,950,000円 ＝ 7,650,000円

⑪の計算　80,000円 × $\frac{1}{4}$ ＋ 25,000円 ＝ 45,000円

⑭の計算　380,000円（配偶者控除額） ＋ (380,000円（扶養控除額） × ３人) ＋ 480,000円（基礎控除額） ＝ 2,000,000円

⑯の計算　7,650,000円（⑦） － 2,657,000円（⑮） ＝ 4,993,000円（1,000円未満切捨て）

⑰の計算　4,993,000円 × 20％ － 427,500円 ＝ 571,100円

⑳の計算　571,100円 × 102.1％ ＝ 583,000円（100円未満切捨て）

113 1．各種所得の金額及び総所得金額の計算

区　分	金　額	計　算　過　程
（**配　当**）所得	① 237,500円	189,003円 ÷（1 − 0.2042）＝ 237,500円
不動産所得	② 2,267,000円	(1) 総収入金額 4,929,000円 ＋ 100,000円 − 55,000円 ＝ 4,974,000円 (2) 必要経費 725,000円 ＋ 1,332,000円 ＝ 2,057,000円 (3) 不動産所得の金額 4,974,000円 − 2,057,000円 − 650,000円 ＝ 2,267,000円
事業所得	③ 4,101,000円	(1) 総収入金額　（注）家事消費高 102,139,000円 ＋ 458,000円 ＋ 144,000円 ＝ 102,741,000円 （注）家事消費高の計算 458,000円 ＞ 650,000円 × 0.7 ＝ 455,000円　∴ 458,000円 (2) 必要経費 ㋐ 売上原価 1,286,000円 ＋ 66,983,000円 − 2,319,000円 ＝ 65,950,000円 ㋑ 営業費　（順不問）　（注）減価償却費 265,000円 ＋ 28,812,000円 ＋ 390,000円 ＝ 29,467,000円 （注）減価償却費の計算 2,600,000円 × 0.200 × $\frac{9}{12}$ ＝ 390,000円 ㋒ 青色事業専従者給与　3,223,000円 (3) 事業所得の金額　必要経費(㋐＋㋑＋㋒) 102,741,000円 − 98,640,000円 ＝ 4,101,000円
（**一　時**）所得	④ 260,000円	760,000円 − 500,000円 ＝ 260,000円
（**雑**）所得	⑤ 13,000円	
総所得金額	⑥ 6,748,500円	① ＋ ② ＋ ③ ＋ ④ × $\frac{1}{2}$ ＋ ⑤ ＝ 6,748,500円

2．所得控除額及び課税総所得金額の計算

区　分	金　額	計　算　過　程
（**医療費**）控除	⑦ 108,460円	
社会保険料控除	⑧ 998,600円	
生命保険料控除	⑨ 88,550円	㋐ 一般の生命保険料 支払額が 80,000円 を超えるため 40,000円 ㋑ 個人年金保険料 94,200円 × $\frac{1}{4}$ ＋ 25,000円 ＝ 48,550円 ㋒ 控除額 ㋐ ＋ ㋑ ＝ 88,550円
地震保険料控除	⑩ 45,000円	
障害者控除	⑪ 270,000円	
配偶者控除	⑫ 380,000円	
扶養控除	⑬ 1,210,000円	（順不問） 630,000円 ＋ 580,000円 ＝ 1,210,000円
基礎控除	⑭ 480,000円	
所得控除額合計	⑮ 3,580,610円	⑦ ＋ ⑧ ＋ ⑨ ＋ ⑩ ＋ ⑪ ＋ ⑫ ＋ ⑬ ＋ ⑭ ＝ 3,580,610円
課税総所得金額	⑯ 3,167,000円	⑥ − ⑮ ＝ 3,167,890円 → 3,167,000円（1,000円未満切り捨て）

114 Ⅰ．各種所得の金額の計算

区　分	金　額	計　算　過　程
（**配　当**）所得	127,000円	1．収入金額 131,307円 ÷ 0.7958 ＝ 165,000円 2．負債の利子　38,000円 3．（**配　当**）所得の金額　1．－2．＝ 127,000円
不動産所得	571,000円	1．総収入金額 1,076,000円 ＋ 360,000円 ＝ 1,436,000円 2．必要経費 265,000円 ＋ 50,000円 ＝ 315,000円 3．不動産所得の金額 1．－2．－ 550,000円 ＝ 571,000円
事業所得	5,199,950円	1．総収入金額 (1) 商品売上高 68,332,000円 ＋ (注1) 11,000円 ＋ (注2) 250,000円 ＝ 68,593,000円 (注1) 低額譲渡高修正額の計算 220,000円 (<) ≧ (330,000円 × 0.7 （いずれかを○で囲む） ＝ 231,000円) ∴ 231,000円 － 220,000円 ＝ 11,000円 (注2) 家事消費高の計算 250,000円 < (>) (340,000円 × 0.7 （いずれかを○で囲む） ＝ 238,000円)　∴ 250,000円 (2) 雑収入 (順不問) 35,000円 ＋ 15,000円 ＝ 50,000円 (3) 貸倒引当金戻入　210,000円 (4) 総収入金額合計　(1)＋(2)＋(3)＝ 68,853,000円 2．必要経費 (1) 売上原価 3,690,000円 ＋ 49,238,000円 － 3,510,000円 ＝ 49,418,000円 (2) 営業費 13,500,000円 － 21,000円 － 38,000円 － 265,000円 － 50,000円 － 300,200円 － 4,280,000円 × 50% ＝ 10,685,800円 (3) 減価償却費 9,500,000円 × 0.067 × $\frac{6}{12}$ ＝ 318,250円 (4) 青色事業専従者給与　3,000,000円 (5) 貸倒引当金繰入 4,200,000円 × $\frac{55}{1,000}$ ＝ 231,000円 (6) 必要経費合計　(1)＋(2)＋(3)＋(4)＋(5)＝ 63,653,050円 3．事業所得の金額　1．－2．＝ 5,199,950円
譲渡所得 分離（**長**）期	2,450,000円	20,000,000円 －(16,950,000円 ＋ 600,000円) ＝ 2,450,000円
一時所得	307,000円	4,046,000円 － 3,239,000円 － 500,000円 ＝ 307,000円
雑所得	209,000円	1．総収入金額 (179,580円 ÷ 0.8979 ＝ 200,000円) ＋ 30,000円 ＝ 230,000円 2．必要経費　21,000円 3．雑所得の金額　1．－2．＝ 209,000円

Ⅱ．課税標準額の計算

区　分	金　額	計　算　過　程
総所得金額	6,260,450円	127,000円 ＋ 571,000円 ＋ 5,199,950円 ＋ 209,000円 ＋ 307,000円 × 1/2 ＝ 6,260,450円
長期譲渡所得の金額	2,450,000円	
合　計	8,710,450円	

Ⅲ．所得控除額の計算

区　分	金　額	計　算　過　程
医療費控除	160,000円	260,000円 － { 8,710,450円 × 5％ ＝ 435,522円 ① 100,000円 ② } ①，②のうちいずれか少ない方の金額 ＝ 160,000円
社会保険料控除	811,000円	
生命保険料控除	46,500円	86,000円 × 1/4 ＋ 25,000円 ＝ 46,500円
地震保険料控除	48,250円	
寄附金控除	98,000円	{ 100,000円 ① 8,710,450円 × 40％ ＝ 3,484,180円 ② } ①，②のうちいずれか少ない方の金額 － 2,000円 ＝ 98,000円
障害者控除	750,000円	
配偶者控除	380,000円	
扶養控除	960,000円	（順不問）380,000円 ＋ 580,000円 ＝ 960,000円
基礎控除	480,000円	
所得控除額合計	3,733,750円	

Ⅳ．課税所得金額の計算

区　分	金　額	計　算　過　程
課税総所得金額	2,526,000円	6,260,450円 － 3,733,750円 ＝ 2,526,000円 （1,000円未満切捨）
課税長期譲渡所得金額	2,450,000円	（1,000円未満切捨）
合　計	4,976,000円	

Ⅴ．納付税額の計算

区　分	金　額	計　算　過　程
課税総所得金額に対する税額	155,100円	2,526,000円 × 10％ － 97,500円 ＝ 155,100円
課税長期譲渡所得金額に対する税額	367,500円	2,450,000円 × 15％ ＝ 367,500円
算出税額計	① 522,600円	
配当控除	② 12,700円	127,000円 × 10％ ＝ 12,700円
差引所得税額（基準所得税額）	③ 509,900円	① 522,600円 － ② 12,700円 ＝ 509,900円
復興特別所得税額	④ 10,707円	③ 509,900円 × 2.1％ ＝ 10,707円
合計税額	⑤ 520,607円	③ 509,900円 ＋ ④ 10,707円 ＝ 520,607円
源泉徴収税額	⑥ 54,113円	（順不問）165,000円 × 20.42％ ＋ 200,000円 × 10.21％ ＝ 54,113円
申告納税額	⑦ 466,400円	⑤ 520,607円 － ⑥ 54,113円 ＝ 466,400円 （100円未満切捨）

048　甲の本年分の給料は2,500,000円，賞与は900,000円である。次の給与所得控除額算定の資料によって，同人の給与所得の金額を計算しなさい。

給与等の収入金額（給与所得の源泉徴収票の支払金額）		給与所得控除額
	1,625,000円以下	550,000円
1,625,000円超	1,800,000円以下	収入金額×40％－100,000円
1,800,000円超	3,600,000円以下	収入金額×30％＋80,000円
3,600,000円超	6,600,000円以下	収入金額×20％＋440,000円
6,600,000円超	8,500,000円以下	収入金額×10％＋1,100,000円
8,500,000円超		1,950,000円（上限）

1．収　入　金　額　　　　円 ＋ 　　　　円 ＝ 　　　　円

2．給与所得控除額　　　　円 × 　　　 ＋ 　　　　円 ＝ 　　　　円

3．給与所得の金額　　　　円 － 　　　　円 ＝ 　　　　円

049　次の収入のうち，所得税法上給与所得として課税されるものには○印を，非課税所得になるものには×印を，給与所得以外の所得として課税されるものには△印を解答欄に記入しなさい。

1．基　　本　　給
2．超過勤務手当（給与規定に基づいて計算された超過勤務に対するもの）
3．通　勤　手　当（給与規定に基づいて計算されており，１か月当り45,000円の実費相当額）
4．家　族　手　当（給与規定に基づいて計算されており，扶養者１人当り月6,000円支給）
5．住　宅　手　当（給与規定に基づいて計算されたもの）
6．出　張　手　当（旅費規定に基づいて計算されたもの）
7．資　格　手　当（給与規定に基づいて計算されたもの）
8．制服の現物支給（この制服は甲の職務上着用することとされている）
9．賞　　　　　与
10．勤務先預金の利子（勤務先預金として給与の一部を預け入れていたことにより受取った利息）

1	2	3	4	5	6	7	8	9	10

発展問題

050 次の資料により，A株式会社に勤務する居住者甲の本年分の給与所得の金額を解答欄にしたがって計算しなさい。

〔資料1〕 甲が本年中にA株式会社から支給を受けた給与・賞与等の明細は次のとおりである。

記号	収入の種類	収入金額	備　考
ア	基本給	4,176,000円	
イ	超過勤務手当	331,000円	これは給与規程に基づいて計算された超過勤務に対するものである。
ウ	通勤手当	234,000円	これは給与規程に基づいて計算されており，1か月当り19,500円の実費相当額の支給を受けたものである。
エ	家族手当	216,000円	これは給与規程に基づいて計算されており，扶養者1人当たり月6,000円の支給を受けたものである。
オ	住宅手当	180,000円	これは給与規程に基づいて計算されたものである。
カ	出張手当	145,000円	これは旅費規程に基づいて計算されたものである。
キ	資格手当	120,000円	これは給与規程に基づいて計算されたものである。
ク	制服の現物支給	80,000円	この制服は甲の職務上着用することとされているものであり，80,000円は適正な金額である。
ケ	賞　与	1,392,000円	
コ	勤務先預金の利子	21,000円	これは勤務先預金として給与の一部を預け入れていたことにより受取った利息である。

〔資料2〕 甲が本年中に支出した特定支出の額の合計額は950,000円である。

〔資料3〕 給与所得控除額の計算式

給与等の収入金額 （給与所得の源泉徴収票の支払金額）		給与所得控除額
	1,625,000円以下	550,000円
1,625,000円超	1,800,000円以下	収入金額×40%－100,000円
1,800,000円超	3,600,000円以下	収入金額×30%－80,000円
3,600,000円超	6,600,000円以下	収入金額×20%＋440,000円
6,600,000円超	8,500,000円以下	収入金額×10%＋1,100,000円
8,500,000円超		1,950,000円（上限）

1．資料アからコまでの収入のうち，所得税法上非課税所得になるものには×印を，給与所得として課税されるものには○印を，給与所得以外の所得として課税されるものには△印を解答欄に記入しなさい。

ア	イ	ウ	エ	オ	カ	キ	ク	ケ	コ

2．給与所得の金額の計算

(1)　収入金額

［　　　円］＋［　　　円］＋［　　　円］＋［　　　円］

＋［　　　円］＋［　　　円］＝［　　　円］

(2)　給与所得控除額

［　　　円］×［　　　%］＋［　　　円］＝［　　　円］

(3)　特定支出控除額　［　　　円］ ≦ ＞ （［　　　円］×［――］＝［　　　円］）

（いずれかに○）

∴［　　　円］－［　　　円］＝［　　　円］

(4)　給与所得の金額

［　　　円］－［　　　円］－［　　　円］＝［　　　円］

6．退職所得

051　次の文章の（　　）の中にあてはまる語又は数字を下から選んで記入しなさい（同じ数字を2回以上用いることがある）。

1．退職所得とは，退職手当，（イ．　　　　　），その他の退職により（ロ．　　　　）に支給される（ハ．　　　　）及びこれらの性質を有する給与をいう。

2．退職所得の金額は，次の算式によって計算する。

{（ニ．　　　　　）－（ホ．　　　　　　　　　）}×（ヘ．　　）＝退職所得の金額

なお退職手当等の支払を受ける者が，取締役等の役員で，勤続年数が（ト．　　　　）年以下である場合には，上記算式の（チ．　　　　）はしない。

3．退職所得控除額（通常の場合）

(1)　勤続年数が（リ．　　　　）年以下の場合　勤続年数1年当り40万円（最低（ヌ．　　　　）万円）

(2)　勤続年数が（ル．　　　　）年を超える場合

（ヲ．　　　　）万円＋（ワ．　　　　）万円×（勤続年数－（カ．　　　　）年）

4．勤続年数を計算する場合に（ヨ．　　）年未満の端数がある時は，（タ．　　）年とする。

給　　与	$\frac{1}{2}$	収入金額	1	20	70
一　　時	退職所得控除額	800	80	一時恩給	5

052 次の収入のうち，所得税法上退職所得として課税されるものには○印を，給与所得として課税されるものには△印を，給与所得及び退職所得以外の所得として課税されるものには□印を，非課税所得とされるものには×印を解答欄に記入しなさい。

1．基　　本　　給（1月から退職までの給与の支給日（毎月末日，以下同じ）に支払われたもの）
2．住　宅　手　当（1月から8月までの給与の支給日に支払われたもので，給与規程に基づいて計算されており，月額20,000円）
3．通　勤　手　当（1月から8月までの給与の支給日に支払われたもので，給与規程に基づいて計算されており，月額23,000円の実費相当額）
4．勤務先預金の利子（勤務先預金として給与の一部を預け入れていたことにより受取った利息）
5．賞　　　　　与（夏期賞与の支給日に支払われたもの）
6．退　　職　　金
7．退　職　功　労　金（在職中の功績に対するもので賞与に該当しない一時金）
8．転居に伴う支度金（退職に伴い転居するために支給された旅行費用であり，通常必要とされる範囲内の金額）

1	2	3	4	5	6	7	8

053 次の甲，乙の退職所得の金額を計算しなさい。

(1) 甲の退職金　　260万円　　勤続期間　　5年9カ月

1．勤続年数　　5年9カ月　　よって [　　年]

2．退職所得控除額　[　　　円] × [　　年] = [　　　円]

3．退職所得の金額　([　　　円] − [　　　円]) × $\frac{\square}{\square}$ = [　　　円]

(2) 乙の退職金　　1,800万円　　勤続期間　　30年2カ月

1．勤続年数　　30年2カ月　　よって [　　年]

2．退職所得控除額　[　　　円] + [　　　円] × ([　　年] − [　　年])

= [　　　円]

3．退職所得の金額　([　　　円] − [　　　円]) × $\frac{\square}{\square}$ = [　　　円]

発展問題

054 居住者甲は，本年８月31日にＴ株式会社を退職している。次の資料に基づき，甲の本年分の退職所得の金額を解答欄にしたがって計算しなさい。

<資料１> 甲が本年退職時までにＴ株式会社から支給を受けたものの明細は，次のとおりである。なお，源泉徴収されるべきものは，徴収前の金額である。

記号	収入の種類	収入金額	備　　考
ア	基本給	3,864,000円	１月から８月までの給与の支給日（毎日末日，以下同じ）に支払われたものである。
イ	住宅手当	160,000円	１月から８月までの給与の支給日に支払われたもので，給与規定に基づいて計算されており，月額20,000円である。
ウ	通勤手当	112,800円	１月から８月までの給与の支給日に支払われたもので，給与規定に基づいて計算されており，月額14,100円の実費相当額である。
エ	勤務先預金の利子	21,000円	これは勤務先預金として給与の一部を預け入れていたことにより受け取った利息である。
オ	賞　与	1,110,000円	夏期賞与の支給日（７月６日）に支払われたものである。
カ	退職金	25,550,000円	甲は退職までＴ株式会社に36年５か月勤務していた。
キ	退職功労金	1,000,000円	これは在職中の功績に対するもので賞与に該当しない一時金である。
ク	転居に伴う支度金	180,000円	これは退職に伴い転居するために支給された旅行費用であり，通常必要とされる範囲内の金額である。

１．資料アからクまでの収入のうち，所得税法上給与所得として課税されるものには△印を，退職所得として課税されるものには○印を，給与所得及び退職所得以外の所得として課税されるものには□印を，非課税所得とされるものには×印を解答欄に記入しなさい。

ア	イ	ウ	エ	オ	カ	キ	ク

２．退職所得の金額の計算

(1) 総収入金額

　円 ＋ 　円 ＝ 　円

(2) 勤続年数 　年　か月 ∴ 　年

(3) 退職所得控除額

　円 ＋ 　円 ×（ 　年 － 　年 ）＝ 　円

(4) 退職所得の金額 （ 　円 － 　円 ）× — ＝ 　円

7．山林所得

055 次の文章の（　　）の中にあてはまる語又は数字を下から選んで記入しなさい（同じ語又は数字を２回以上用いることがある）。

1．山林所得とは，取得後（イ.　　　）年を超える保有期間の山林の（ロ.　　　　）又は（ハ.　　　　）による所得をいう。保有期間が（ニ.　　　）年以内のものは（ホ.　　　　）所得又は（ヘ.　　　）所得となる。

2．「山林」とは，用材又は薪炭に使用する（ト.　　　　）をいい（チ.　　　　）（リ.　　　　）（ヌ.　　　　）や，観賞用として植栽される立木又は販売するために植栽される苗木などは該当しない。

3．山林所得の金額は次の算式によって計算する。

（ル.　　　　　　）－（ヲ.　　　　　）－特別控除額＝山林所得の金額

青色申告者については，更に青色申告特別控除額（ワ.　　　　）万円を差引いた金額が山林所得の金額となる。

なお，青色申告特別控除額は，まず（カ.　　　　　）所得の計算において差引き，引ききれない額を（ヨ.　　　　）所得の計算において差引く。そして更に引ききれない場合のみその残額を山林所得の計算において差引く。

4．山林所得の特別控除額は（タ.　　　　）万円が限度である。

5	10	50	雑	総収入金額	立　木	必要経費
譲　渡	茶　樹	事　業	不動産	伐　採	果　樹	桑　樹

056 次の山林所得の金額を計算しなさい。

(1)　甲は，９年前に3,850,000円で取得した山林を本年９月に8,960,000円で譲渡した。なお，この山林について取得の日から譲渡の日までの管理費，伐採費及び譲渡費用として1,450,000円を支出している。

1．総収入金額　　　　円

2．必要経費　　　　円 ＋　　　　円 ＝　　　　円

3．山林所得の金額　　　　円 －　　　　円 －　　　　円 ＝　　　　円

(2)　乙は，今から14年前の７月に取得した山林を本年５月15日に伐採し，12,000,000円で譲渡した。この山林の取得に要した費用は2,500,000円，管理・育成費用は3,360,000円，伐採・譲渡費用は600,000円であった。本年分の山林所得の金額を計算しなさい。

1．総収入金額　　　　円

2．必要経費　　　　円 ＋　　　　円 ＋　　　　円 ＝　　　　円

3．山林所得の金額　　　　円 －　　　　円 －　　　　円 ＝　　　　円

8．譲渡所得

057 次の文章の（　　）の中にあてはまる語又は数字を下から選んで記入しなさい。

1．譲渡所得とは，(イ.　　　　)の譲渡による所得をいう。資産には土地，家屋などの(ロ.　　　　)の他，機械器具，車両等の（ハ.　　　　），特許権，著作権などの（ニ.　　　　）固定資産も含まれる。

2．譲渡には通常の売買の他，（ホ.　　　　），現物出資，法人に対する（ヘ.　　　　）や遺贈なども含まれる。

3．家具，通勤用自家用車，衣服などの（ト.　　　　）の譲渡による所得は，（チ.　　　　）となる。しかし，１個又は１組の時価が（リ.　　　　）を超える貴金属，書画，骨董の譲渡による所得は課税される。

生活用動産	資　　産	交　　換	贈　　与	非　課　税
動　　産	不　動　産	30万円	無　　形	

058 次の資産の譲渡による所得のうち譲渡所得に含まれるものには○，含まれないものには×，非課税のものには◎を（　　）に記入しなさい。

1．（　　）棚卸資産又は棚卸資産に準ずる資産（貯蔵品，消耗品）の譲渡，自家消費等による所得
2．（　　）手形，小切手の譲渡による所得
3．（　　）建物（棚卸資産に該当しない）を売却したことによる収入
4．（　　）山林の伐採，譲渡による所得
5．（　　）１個又は１組の取得価額が10万円未満又は使用可能期間が１年未満の少額の減価償却資産（少額重要資産を除く）の譲渡による所得
6．（　　）不動産業者が前年に購入した土地に建設した建売住宅の売却による所得
7．（　　）事業の用に供していた店舗を売却したことによる収入
8．（　　）生活用動産（１個30万円超の貴金属，書画，骨董などを除く）の譲渡による所得
9．（　　）家宝の骨董品を250万円で売却したことによる収入

059 次の文章の（　　）の中にあてはまる語又は数字を下から選んで記入しなさい（同じ語又は数字を２回以上用いることがある）。

譲渡所得は土地，建物等の譲渡によるものと，それ以外の資産の譲渡によるもので計算方法が異なる。また，それぞれの所有期間に応じて更に短期と長期に分けられる。

1．土地，建物等以外の資産の場合

土地，建物等以外の資産の譲渡による所得は，（イ．　　　　）金額に含められて（ロ．　　　　）課税されるが，その取得の日以後（ハ．　　　）年以内に譲渡した場合を短期，それより後の場合を長期とする。

(1) 譲渡益の計算

① 短　期・（ニ．　　　　　　　）－｛（ホ．　　　　　　　）＋（ヘ．　　　　　　　）｝＝譲渡益〔a〕

② 長　期・（ト．　　　　　　　）－｛（チ．　　　　　　　）＋（リ．　　　　　　　）｝＝譲渡益〔b〕

(2) 譲渡所得の金額の計算

〔a〕－特別控除額（ヌ．　　　　）万円＝短期譲渡所得の金額〔a´〕

ただし〔a〕＜（ル．　　　　）万円の場合〔a〕の金額を限度とする。

〔b〕－短期で控除しきれなかった特別控除額＝長期譲渡所得の金額〔b´〕

特別控除額を短期から全額控除した場合は〔b〕＝〔b´〕になる。

総合課税の長期譲渡所得の金額については，その(ヲ．　　　)が総所得金額に算入される。

2．土地，建物等の場合

土地，建物等の譲渡による所得は，総所得金額に含められず，特別の（ワ．　　　　）により（カ．　　　　）課税されるが，その譲渡があった年の（ヨ．　　　）月（タ．　　　）日において，所有期間が（レ．　　　）年以下の場合を短期，それより長い場合を長期とする。

（ソ．　　　　　　）－｛（ツ．　　　　　　）＋（ネ．　　　　　　）｝＝短期譲渡所得の金額

（ナ．　　　　　　）－｛（ラ．　　　　　　）＋（ム．　　　　　　）｝＝長期譲渡所得の金額

$\frac{1}{2}$	1	4	5	50	総　　合
譲渡費用	税　　率	取得費	総所得	分　　離	総収入金額

060 次の譲渡所得の金額を計算しなさい。

(1) 甲は，３年前に2,000,000円で取得したゴルフクラブの会員権を本年４月に2,800,000円で譲渡した。なお，この会員権の譲渡に要した費用として200,000円を支出している。

［　　　　円］－（［　　　　円］＋［　　　　円］）－［　　　　円］
＝［　　　　円］

(2) 乙は，今から20年前の10月に25,500,000円で取得した土地を本年11月５日に28,000,000円で譲渡した。この譲渡に際し，仲介手数料945,000円を支払った時の本年分の譲渡所得の金額を計算しなさい。

［　　　　円］－（［　　　　円］＋［　　　　円］）＝［　　　　円］

(3) 丙は，本年中に次の土地と書画を譲渡している。よって，譲渡所得の金額を計算し，総所得金額に算入される金額を計算しなさい。

資　産	譲　渡　日	取　得　日	譲渡価額	取　得　費	譲渡費用
土　地	令和６年３月18日	平成28年10月10日	20,000,000円	16,000,000円	700,000円
書　画	令和６年９月５日	平成30年11月４日	3,000,000円	1,800,000円	40,000円

1．分　離（長期）［　　　　円］－（［　　　　円］＋［　　　　円］）
＝［　　　　円］

2．総　合（長期）［　　　　円］－（［　　　　円］＋［　　　　円］）
－［　　　　円］＝［　　　　円］

3．総所得金額に算入される金額 ［　　　　円］×$\frac{1}{2}$＝［　　　　円］

発展問題

061 居住者甲が令和６年中に譲渡した資産は，次の資料のとおりである。この資料に基づき甲の令和６年分の総所得金額を解答欄にしたがって計算しなさい。なお，下記譲渡のほかに令和６年分の事業所得の金額が6,345,000円あった。

＜資　料＞

記号	譲渡した資産	取　得　日	譲　渡　日	譲渡価額	取得費及び譲渡費用
ア	絵　画（趣味で所有）	平成27年９月10日	令和６年１月30日	4,000,000円	2,385,400円
イ	宝　石（日常生活に使用）	令和３年５月20日	令和６年３月10日	3,600,000円	3,280,000円
ウ	生活用家具	令和３年10月１日	令和６年８月12日	700,000円	600,000円
エ	事業用機械	令和３年２月24日	令和６年９月７日	2,750,000円	2,136,500円
オ	書　画（趣味で所有）	平成28年12月30日	令和６年11月25日	200,000円	180,000円

1．(1)　資料アからオまでの資産の譲渡のうち課税されるものについては○印を，非課税とされるものには×印を，解答欄(1)に記入しなさい。

(2)　資料アからオまでの資産の譲渡のうち課税されるものについて，総合短期譲渡所得に区分されるものにはＡを，総合長期譲渡所得に区分されるものにはＢを，解答欄(2)に記入しなさい。

	ア	イ	ウ	エ	オ
(1)					
(2)					

2．総所得金額の計算

(1)　譲渡所得の金額

①　総合短期譲渡所得の金額

（□円 ＋ □円）－（□円 ＋ □円）

－ □円 ＝ □円

②　総合長期譲渡所得の金額

□円 － □円 ＝ □円

(2)　総所得金額

□円 ＋ □円 ＋ □円 × □／□ ＝ □円

9．一時所得

062 次の文章の（　　）の中にあてはまる語又は数字を下から選んで記入しなさい。

1．一時所得とは，営利を目的とする（イ.　　　　　）的行為から生じた所得でなく，（ロ.　　　　）や役務に対する（ハ.　　　　）でなく，資産の（ニ.　　　　）による所得でもないもので，（ホ.　　　　）的な性質をもっている所得をいう。

2．一時所得の金額は次の算式によって計算する。

（ヘ.　　　　　　）－その収入を得るために（ト.　　　　）した額－特別控除額＝一時所得の金額

3．一時所得の特別控除額は（チ.　　　　）万円であるが，特別控除額控除前の金額を限度とする。また一時所得は，総合課税の（リ.　　　　）譲渡所得の金額との合計額の（ヌ.　　　　）が総所得金額に算入される。

報酬	支出	譲渡	50	労務
総収入金額	継続	長期	$\frac{1}{2}$	一時

063 次の所得のうち一時所得に該当するものには○，該当しないものには×を（　　）の中に記入しなさい。

1．（　　）クイズ等の賞金，懸賞の賞金品，福引の当せん金品
2．（　　）家屋を賃貸した時に受取った礼金
3．（　　）勤務先から受ける退職一時金
4．（　　）競争馬の保有に係る所得
5．（　　）貴金属，こっとうなどの譲渡による所得
6．（　　）競馬，競輪の払戻金
7．（　　）生命保険契約に基づく一時金，損害保険契約に基づく満期返戻金等（掛金自己負担）
8．（　　）　　　　　　　同　　　　上　　　　　　　　（掛金親族負担）
9．（　　）遺失物拾得により取得した報労金又は所有権を取得した資産

064　甲には本年，次のような一時所得があった。よって一時所得を計算し，総所得金額に算入される金額を計算しなさい。

(1)　クイズの懸賞金　　750,000円
(2)　遺失物を拾得したことによる報労金　　200,000円
(3)　生命保険契約の満期返戻金　　1,400,000円
（掛金支払者は本人，掛金の支払総額780,000円，保険期間20年）

1．一時所得の金額

｛［　　　　円］＋［　　　　円］＋（［　　　　円］－［　　　　円］）｝

－［　　　　円］＝［　　　　円］

2．総所得金額に算入される一時所得

［　　　　円］$\times \frac{1}{2}$＝［　　　　円］

10．雑所得

065　次の文章の（　　）の中にあてはまる語を下から選んで記入しなさい。

1．雑所得とは他の各種所得のいずれにも（イ.　　　　）しない所得である。
2．雑所得の金額は次の算式によって計算する。
（ロ.　　　　　　）－（ハ.　　　　　　）＝雑所得の金額
3．雑所得の金額又は総収入金額に算入される収入を例示すると下記のようなものがある。
（いずれも事業から生ずるものを除く）
a．原稿料，印税，（ニ.　　　　　　）
b．非営業貸金，学校債，組合債などの（ホ.　　　　　）
c．（ヘ.　　　　　　）又は相互掛金の給付補てん金
d．国税又は地方税の（ト.　　　　）加算金
e．法人の役員等の会社に対する（チ.　　　　）の利子
f．会社の役員又は使用人が職務に関して取引先等から受けるいわゆる個人（リ.　　　　　　）
g．就職に伴ういわゆる仕度金等で，引っ越し等に（ヌ.　　　　）必要であると認められる範囲を超えるもの
h．保有期間が５年（ル.　　　　）の山林の伐採又は譲渡による所得
i．鉱業権，採石権の（ヲ.　　　　）による所得
j．不動産の継続（ワ.　　　　）による所得

該当	総収入金額	利子	リベート	以内	講演料	通常
定期積金	貸付金	売買	必要経費	貸付	還付	

066 甲には本年，給与所得の他に当年中に次のような収入があった。よって，雑所得の金額を計算しなさい。

(1) 友人に対する貸付金の利子（事業には関連しない）　　20,000円

(2) 甲が出版した書籍について受取った印税　　53,874円
事業に該当するものではなく，源泉所得税10.21%控除後の金額

(3) 生命保険契約に基づく個人年金収入　　394,000円
この個人年金収入に係る本年分の必要経費適正額は283,000円である。

1．総収入金額　　円 ＋　　円 ÷（1 － 0.　）＋　　円
＝　　円

2．必要経費　　円

3．雑所得の金額　　円 －　　円 ＝　　円

力だめし

067 次のA群，B群，C群の最も関連の深いと思われるものの記号を解答欄に記入しなさい。C群の記号は何度使用してもよい。

A群（所得の種類）

1．利子所得
2．配当所得
3．不動産所得
4．事業所得
5．給与所得
6．退職所得
7．山林所得
8．譲渡所得
9．一時所得
10．雑所得

B群（所得の内容）

イ．俸給
ロ．作家以外の者が受ける原稿料
ハ．一時恩給
ニ．５年超の保有の山林の伐採譲渡
ホ．出資に対する剰余金の分配
ヘ．土地の譲渡
ト．福引の当せん金品
チ．公社債の利子
リ．卸売業
ヌ．航空機の貸付

C群（所得金額の計算式）

a．総収入金額－必要経費
b．（収入金額－退職所得控除額）$\times\frac{1}{2}$
c．収入金額＝所得金額
d．総収入金額－取得費および譲渡費用－特別控除額
e．収入金額－元本を取得するために要した負債利子
f．収入金額－給与所得控除額
g．総収入金額－必要経費－特別控除額
h．総収入金額－収入金額を得るために支出した額－特別控除額

A群	1	2	3	4	5	6	7	8	9	10
B群										
C群										

068 次に掲げる収入は，所得税法に規定する10種類の各種所得と非課税所得である。解答欄にそれぞれが該当する所得の種類を記入しなさい。なお，非課税所得に該当するものは非課税と記入しなさい。

(1) 宝くじの当選金
(2) 国会議員が受け取った歳費
(3) 障害者等に該当しない者が受けた定額貯金の利子
(4) 建物（棚卸資産に該当しない）を売却したことによる収入
(5) 遺失物習得により受けた報労金
(6) 作家でない者が得た原稿料収入
(7) 出資に対する剰余金の分配
(8) アパートの貸付けによる賃貸料収入
(9) 物品販売業者が物品を販売したことにより得た収入
(10) 退職に際して勤務先から受け取る退職手当
(11) 元本300万円の勤労者財産形成住宅貯蓄について受け取った利子
(12) 保有期間18年の山林所得を伐採譲渡したことによる収入

(1)	(2)	(3)	(4)	(5)	(6)
(7)	(8)	(9)	(10)	(11)	(12)

069 次に掲げる収入は，所得税法に規定する10種類の各種所得と非課税所得である。解答欄にそれぞれが該当する所得の種類を記入しなさい。なお，非課税所得に該当するものは非課税と記入しなさい。

(1) 所有していた宝石を40万円で売却したことによる収入
(2) 厚生年金保険法に基づく年金
(3) 生活用動産を28万円で売却したことによる収入
(4) 勤務先から受けた賞与
(5) 法人から受ける剰余金の配当
(6) 保有期間が７年の山林を伐採譲渡したことによる収入
(7) 航空機の貸付けによる収入
(8) 商店街の福引きの当選金（業務に関して受けたものではない。）
(9) 作家が受ける原稿料収入
(10) 給与所得者が受ける通勤手当（通勤用定期乗車券として月額70,000円）
(11) 適格退職年金契約に基づいて支給された退職一時金
(12) 障害者等に該当しない者が受けた国債の利子

(1)	(2)	(3)	(4)	(5)	(6)
(7)	(8)	(9)	(10)	(11)	(12)

070 次の各文章について，正しいものには○印を，誤っているものには×印を，それぞれの解答欄に記入しなさい。

(1) 所得税は，１月１日から12月31日までに生じた所得について課税標準と納付税額を算出する。

(2) 所得税の納税義務者は，青色の確定申告書（修正申告書を含む。）の提出につき所轄税務署長の承認を受けることで，青色申告書を提出することが認められ，また，青色申告特別控除などの種々の特典を受けることができる。

(3) 資産を無償で譲渡した場合，収入金額ではないので，所得税が加算されることはない。

(4) 所得税は国税であり，直接税である。

(5) 棚卸資産の評価は，納税者が事業の種類ごとに，かつ，棚卸資産の区分ごとに選定し，所轄税務署長に届け出た評価方法によるが，評価方法の選定をしなかった場合，その評価方法は先入先出法となる。

(6) 居住者とは，国内に住所を有し，又は現在まで引き続いて１年以上居所を有する個人をいう。

(7) 一時所得の金額は，「総収入金額」から「その収入を得るため支出した金額の合計額」を控除し，その残額から「特別控除額（最高50万円）」を控除して算定するが，総所得金額にはその２分の１相当額が算入される。

(8) 所得税の確定申告書の提出先は納税地の所轄税務署長とされている。

(9) 退職所得控除額は，勤続年数に関係なく常に一定額である。

(10) 利子所得の収入金額に対しては，10%の税率で所得税が源泉徴収され，確定申告を要しない。

(1)	(2)	(3)	(4)	(5)	(6)	(7)	(8)	(9)	(10)

071 次の各文章について，正しいものには○印を，誤っているものには×印を，それぞれの解答欄に記入しなさい。

(1) 非永住者とは，居住者のうち，日本の国籍を有しておらず，かつ，5年以内において国内に住所又は居所を有していた期間の合計が3年以下である個人をいう。

(2) 青色事業専従者に対して支払った給与は，すべて必要経費に算入することが認められる。

(3) 居住者は予定納税基準額が120,000円以上である場合には，予定納税制度が適用される。

(4) その年に取得し業務の用に供した減価償却資産で，使用可能期間が1年未満であるもの又は取得価額が10万円未満であるものについては，その業務の用に供した年にその取得価額の全額を必要経費に算入することができる。

(5) 利子所得の金額は，「収入金額」から「負債の利子の額」を差し引いて算定する。

(6) 事業所得がある者は，原則としてその年の翌年の2月16日から3月15日までの期間に，納税地の所轄税務署長に対し，所定の事項を記載した確定申告書を提出して納税しなければならない。

(7) 車両及び運搬具に係る法定償却方法は定額法である。

(8) 青色申告とは，一定の要件を満たす帳簿書類を備えて記帳している居住者が，所轄税務署長の承認を受けて青色の確定申告書を提出することで，種々の特典を受けられる制度であるが，事業所得又は不動産所得を生ずべき事業を営む場合に限り適用される。

(9) 住民税の支払額は必要経費に算入することができる。

(10) 所得税の基本税率は，超過累進税率である。

(1)	(2)	(3)	(4)	(5)	(6)	(7)	(8)	(9)	(10)

072 次の文章の（　　）に下記の語群のうちから適切なものを選び，記入しなさい。

⑴ 所得税の納税地は，原則として納税義務者の（イ.　　　　）とする。

⑵ 居住者は，予定納税基準額が（ロ.　　　　）以上である場合には，第１期及び第２期において，それぞれその予定納税基準額の３分の１に相当する（ハ.　　　　）を国に納付しなければならない。

⑶ 不動産所得，（ニ.　　　　）又は山林所得を生ずべき業務を行う居住者は，納税地の（ホ.　　　　）の承認を受けた場合には，確定申告書及びその申告書に係る修正申告書を（ヘ.　　　　）の申告書により提出することができる。

⑷ 退職所得とは，（ト.　　　　），一時恩給その他の（チ.　　　　）により一時に受ける給与及びこれらの性質を有する給与に係る所得並びに退職手当等とみなす（リ.　　　　）をいう。

⑸ 不動産所得とは，不動産，不動産の上に存する権利，船舶又は（ヌ.　　　　）（以下「不動産等」という。）の貸付け（地上権又は永小作権の設定その他他人に不動産等を使用させることを含む。）による所得（事業所得又は（ル.　　　　）に該当するものを除く。）をいう。

⑹ 棚卸資産に係る売上原価の計算の基礎となる年末商品棚卸高は，居住者が選択した評価方法により計算するが，その選択の届出を行っていない場合は（ヲ.　　　　）に基づく原価法により計算しなければならない。

⑺ 使用可能期間が（ワ.　　　　）未満の減価償却資産又は取得価額が（カ.　　　　）未満の減価償却資産は，その取得価額相当額を業務の用に供した年分の（ヨ.　　　　）に算入することができる。

⑻ 事業専従者とは，居住者（青色申告者を除く。）と（タ.　　　　）を一にする配偶者その他の親族（年齢（レ.　　　　）未満である者を除く。）で，専らその居住者の営む（ソ.　　　　）に従事するものをいう。

1年	15万円	10万円	15歳	必要経費	譲渡所得
青色	退職	退職手当	一時金	航空機	最終仕入原価法
生計	事業	事業所得	所得税	住所地	所轄税務署長

第3章 課税標準

073 次の文章の（　　）に下記の語群のうちから適切なものを選び，記入しなさい。

1．納税者に対して課する所得税の（イ．　　　　　）には，総所得金額，退職所得金額及び（ロ．　　　　　）などがある。所得税は，（ハ．　　　　　）を建前としているが，課税を（ニ．　　　　　）するために（ホ．　　　　　）と山林所得は個別に課税され，（ヘ．　　　　　）とは区別されている。

2．課税標準を計算する場合において，（ト．　　　　　）の金額，事業所得の金額，山林所得の金額又は（チ．　　　　　）の金額の計算上生じた損失の金額があるときは，所定の順序により，他の各種所得の金額から控除する。これを（リ．　　　　　）という。

3．不動産所得の金額，（ヌ．　　　　　）の金額，山林所得の金額又は譲渡所得の金額の計算上生じた損失の金額のうち損益通算してもなお控除しきれない部分の金額を（ル．　　　　　）という。

総所得金額	譲渡所得	山林所得金額	緩和	総合課税
不動産所得	退職所得	純損失の金額	事業所得	損益通算
課税標準				

074 次の資料により，課税標準である総所得金額を計算しなさい。**2級**

<資　料>

①	配当所得（源泉徴収控除前）	240,500円	②	不動産所得	339,000円
③	事業所得	7,447,075円	④	譲渡所得（長期所有の土地）	3,300,000円
⑤	譲渡所得（長期所有の書画）	660,000円	⑥	一時所得	350,000円
⑦	雑所得	120,000円			

区分	金額	計算過程
総所得金額	円	円 ＋ 円 ＋ 円 ＋ 円 ＋（ 円 ＋ 円）× ―― ＝ 円
長期譲渡所得の金額	円	
合計	円	

第4章 所得控除

075 次の文章の（　　）に下記の語群のうちから適切なものを選び，記入しなさい。

所得控除には，次のものがある。

⑴ 本人及び同一生計の配偶者その他の親族の生活費保障目的のもの

（イ.　　　　　）控除・（ロ.　　　　　　　　）控除・（ハ.　　　　）控除・基礎控除

⑵ 個人的事情の考慮を目的

雑損控除・（ニ.　　　　　　）控除・（ホ.　　　　　　）控除・（ヘ.　　　　　　）控除・

（ト.　　　　　　　）控除・（チ.　　　　　　）控除

⑶ 社会政策あるいは経済政策目的

（リ.　　　　　　　）控除・小規模企業共済等掛金控除・（ヌ.　　　　　　　　）控除・

（ル.　　　　　　　）控除・（ヲ.　　　　　）控除

医療費	社会保険料	生命保険料	地震保険料	寄附金	障害者
寡婦	勤労学生	配偶者	配偶者特別	扶養	ひとり親

076 次の文章の（　　）の中にあてはまる数字を下から選んで記入しなさい。（同じ数字を２回以上用いることがある。）

1．控除対象配偶者とは，居住者の配偶者でその居住者と生計を一にするもののうち，合計所得金額が（イ.　　　　）万円以下である者をいう。合計所得金額が900万円以下の納税者が控除対象配偶者を有している場合には，所得から（ロ.　　　　）万円が控除される。なお控除対象配偶者が（ハ.　　　　）歳以上の場合には，老人控除対象配偶者とよび，控除額は（ニ.　　　　）万円となる。

2．扶養親族とは，居住者の親族，里親に委託された児童および養護受託老人でその者と生計を一にするもののうち，合計所得金額が（ホ.　　　　）万円以下である者をいう。納税者に扶養親族が有る場合，一人に付き（ヘ.　　　　）万円が所得から控除される。なお，扶養親族が（ト.　　　　）歳以上の場合には，老人扶養親族とよび，控除額は一人に付き（チ.　　　　）万円となる。また，老人扶養親族のうち納税者又はその配偶者の直系尊属で，いずれかと同居を常況としている老人扶養親族は，一人に付き（リ.　　　　）万円が控除される。

　ただし（ヌ.　　　　）歳未満の扶養親族については，扶養控除は適用されない。

3．青色事業専従者（事業専従者）とした配偶者及び親族は，配偶者控除，配偶者特別控除及び扶養控除の対象にならない。

4．扶養親族のうち，（ル.　　　　）歳以上（ヲ.　　　　）歳未満の者を特定扶養親族とし，特定扶養親族に係る扶養控除額を（ワ.　　　　）万円とする。

5．納税者本人又は控除対象配偶者又は扶養親族が障害者であれば，一人に付き（カ.　　　　）万円，特別障害者であれば一人に付き（ヨ.　　　　）万円が，また，特別障害者である同居の控除対象配偶者又は扶養親族がいる場合には，一人につき（タ.　　　　）万円が，納税者本人の所得から控除される。

6．納税者の合計所得金額が2,400万円以下の場合には，基礎控除として所得から（レ.　　　　）万円が控除される。

16	19	23	27	38	40	48	53	58	63	70	75

077 本年末現在，物品販売業を営む甲と生計を一にし，かつ，同居している親族は次のとおりである。よって，所得控除額を計算しなさい。なお甲の合計所得金額は820万円である。

<資　料>

妻	46歳	無職（無収入）	長　女	24歳	大学院生
実　父	75歳	無職（無収入）	長　男	19歳	大学生

区　分	金　額	計　算　過　程
1.配偶者控除	円	
2.扶養控除	円	長女　　円 ＋ 長男　　円 ＋ 実父　　円 ＝　　円
3.基礎控除	円	
4.所得控除合計	円	1＋2＋3＝　　円

078 本年末現在，物品販売業を営む乙と生計を一にし，かつ，同居している親族は次のとおりである。よって，所得控除額を計算しなさい。なお乙の合計所得金額は550万円であった。**2級**

＜資　料＞

妻	48歳	無職（無収入）
長　男	24歳	青色事業専従者
長　女	22歳	大学生・アルバイト収入900,000円あり
次　男	15歳	中学生
実　父	75歳	無職（無収入・特別障害者）

区　分	金　額	計　算　過　程
1．障害者控除	円	
2．配偶者控除	円	
3．扶養控除	円	長女 円 ＋ 次男 円 ＋ 実父 円 ＝ 円
4．基礎控除	円	
5．所得控除合計	円	1＋2＋3＋4＝ 円

079 次の文章の（　　）の中にあてはまる語を下から選んで記入しなさい。**2級**

1．納税者又は生計を一にする配偶者その他の親族のための医療費を支払ったときは，（イ.　　　　）万円を限度として，次の算式によって計算した金額を（ロ.　　　　　　）として所得金額から控除できる。

　　支出した医療費 −（ハ.　　　　）等で補てんされる額 − 総所得金額等の（ニ.　　　）％
　　　　　　　　　　　　　　　　　　　　　　　　　　（上限（ホ.　　　）万円）

2．扶養親族が障害者である場合には，居住者のその年分の課税標準額から（ヘ.　　　）万円（特別障害者である場合には（ト.　　　）万円, 特別障害者が同居の場合には（チ.　　　）万円）を控除する。

3．居住者が寡婦である場合には，その者のその年分の課税標準から（リ.　　　）万円（ひとり親である場合は（ヌ.　　　）万円）を控除する。

4．（ル.　　　　）とは，原則としてその年12月31日の現況において婚姻をしていない者又は配偶者の生死の明らかでない一定の者のうち，総所得金額等が基礎控除額以下の（ヲ.　　　　）を一にする子を有し，かつ，納税者の合計所得金額が（ワ.　　　）万円以下であるものをいう。

5．学生等で給与所得等を有するもののうち，合計所得金額が（カ.　　　）万円以下であり，かつ，合計所得金額のうち給与所得等以外の所得に係る部分の金額が（ヨ.　　　）万円以下であるものを（タ.　　　　　）という。居住者が勤労学生である場合には，その者のその年分の課税標準額から（レ.　　　）万円を控除する。

5	10	27	35	40	65	75
200	500	医療費控除	生　計	勤労学生	保険金	ひとり親

080 物品販売業を営むAの本年分の総所得金額等は4,000,000円であり，A及びAと生計を一にする親族に係る医療費が380,000円であった。よって，医療費控除の額を計算しなさい。**2級**

［　　　　円］ − ｛［　　　　円］ × 5％ = ［　　　　円］①
　　　　　　　　　　　　　　　　　　　［　　　　円］②｝ ①②のうちいずれか少ない方の金額

= ［　　　　円］

081　物品販売業を営むA（52歳）の本年分の総所得金額等は6,000,000円であった。よって，次の資料により，所得控除額を計算しなさい。**2級**

＜資　料＞

⑴　A及びAと生計を一にする親族に係る医療費　　341,400円

⑵　本年末現在，Aと生計を一にし，かつ，同居している親族は次のとおりである。

①　妻　（46歳）　無職（無収入）

②　長　男　（22歳）　大学院生・アルバイト給与収入800,000円あり

③　長　女　（17歳）　高校生（無収入）

④　妻の母　（74歳）　無職（無収入）・一般の障害者

区　分	金　額	計　算　過　程
1.医療費控除	円	円 － { 円 × 5%＝ 円 ① / 円 ② } ①②のうちいずれか少ない方の金額 ＝ 円
2.障害者控除	円	
3.配偶者控除	円	
4.扶養控除	円	長男 円 ＋ 長女 円 ＋ 妻の母 円 ＝ 円
5.基礎控除	円	
6.所得控除合計	円	1＋2＋3＋4＋5＝ 円

082 次の文章の（　　）に下記の語群のうちから適切なものを選び，記入しなさい。

１．納税者と生計を一にする配偶者が負担すべき（ア.　　　　　　）を，その納税者が支払った場合は，その（イ.　　　　）を社会保険料控除額として控除できる。社会保険料には健康保険料，厚生年金保険料，（ウ.　　　　　）保険料，国民健康保険料，（エ.　　　　）保険料，雇用保険料などがある。

２．納税者が受取人のすべてを（オ.　　　　）又は配偶者その他の親族とする生命保険契約等に係る生命保険料，個人年金保険料及び介護医療保険料を支払った場合には，（カ.　　　　　　）控除として所得金額から控除できる。控除額は，平成24年１月１日前に結んだ一般の（キ.　　　　　）契約に係るものと（ク.　　　　　　）契約に係るものについては，それぞれ下記の①～④の区別に応じて計算した金額（最高（ケ.　　　　）円）の合計額とする。

① 支払保険料25,000円以下……………………………支払保険料全額

② 支払保険料25,000円超50,000円以下…………支払保険料×（コ.　　　）＋（サ.　　　　　）円

③ 支払保険料50,000円超100,000円以下…………支払保険料×（シ.　　　）＋（ス.　　　　　）円

④ 支払保険料100,000円超………………………………50,000円

　また，平成24年１月１日以後に結んだ一般の（セ.　　　　）契約に係るもの，（ソ.　　　　　）契約に係るもの及び（タ.　　　　）契約に係るものについては，それぞれ⑤～⑧の区別に応じて計算した金額（最高（チ.　　　　）円）の合計額とする。

⑤ 支払保険料20,000円以下……………………………支払保険料全額

⑥ 支払保険料20,000円超40,000円以下…………支払保険料×（ツ.　　　）＋（テ.　　　　　）円

⑦ 支払保険料40,000円超80,000円以下…………支払保険料×（ト.　　　）＋（ナ.　　　　　）円

⑧ 支払保険料80,000円超………………………………40,000円

３．納税者又は生計を一にする配偶者その他の親族が（ニ.　　　　）し，常時居住している家屋等生活に通常必要な資産を保険又は共済目的とする地震保険契約等のために支払った保険料は，（ヌ.　　　　）円を最高限度額として，その保険料又は掛金の（ネ.　　　　）を（ノ.　　　　　）控除として所得金額から控除できる。

４．納税者が特定寄附金を支出した時には，次の算式で計算した金額を（ハ.　　　　）控除として所得金額から控除できる。**2級**

支出した寄附金の額
総所得金額等×（ヒ.　　　）％ ｝いずれか（フ.　　　　）額－（ヘ.　　　　）円

【語群】

生命保険料	少 な い	生 命 保 険	50,000	40	社会保険料	介　　護
地震保険料	12,500	$\frac{1}{4}$	25,000	2,000	個人年金保険	全　　額
寄 附 金	$\frac{1}{2}$	本　　人	所　　有	国 民 年 金	10,000	40,000
介護医療保険	20,000					

083 納税者A，B，Cそれぞれが本年中に支払った保険料は次のとおりである。よって，生命保険料控除の金額を計算しなさい。

(1) Aを受取人とする一般の生命保険料　　5,000円
Aの妻を受取人とする個人年金保険料　　19,000円
※両保険ともに平成24年1月1日前に契約したものである。

① 一般の生命保険料
［　　　　］円 ＜ 25,000円　∴ ［　　　　］円

② 個人年金保険料
［　　　　］円 ＜ 25,000円　∴ ［　　　　］円

③ 生命保険料控除額
［　　　　］円 ＋ ［　　　　］円 ＝ ［　　　　］円

(2) Bを受取人とする一般の生命保険料（平成25年に契約したもの）　　30,000円
Bの妻を受取人とする個人年金保険料（平成21年に契約したもの）　　80,000円

① 一般の生命保険料
（［　　　　］円 × ［　／　］ ＋ ［　　　　］円）＝ ［　　　　］円

② 個人年金保険料
（［　　　　］円 × ［　／　］ ＋ ［　　　　］円）＝ ［　　　　］円

③ 生命保険料控除額
［　　　　］円 ＋ ［　　　　］円 ＝ ［　　　　］円

(3) Cを受取人とする一般の生命保険料（平成20年に契約したもの）　　120,000円
Cの妻を受取人とする介護医療保険料　　50,000円

① 一般の生命保険料
［　　　　］円 ＞ 100,000円　∴ ［　　　　］円

② 介護医療保険料
（［　　　　］円 × ［　／　］ ＋ ［　　　　］円）＝ ［　　　　］円

③ 生命保険料控除額
［　　　　］円 ＋ ［　　　　］円 ＝ ［　　　　］円

084 納税者D，Eそれぞれが本年中に支払った地震保険料は次のとおりである。よって，地震保険料控除の金額を計算しなさい。

⑴ Dが支払った地震保険料　30,000円

［　　　　円］≦ 50,000円（最高限度額）　∴［　　　　円］

⑵ Eが支払った地震保険料　60,000円

［　　　　円］＞ 50,000円（最高限度額）　∴［　　　　円］

085 納税者Fが本年支出した寄附金は以下のとおりである。よって，寄附金控除額を計算しなさい。なお，Fの本年の総所得金額等は5,000,000円とする。**2級**

⑴ 独立行政法人に対する寄附金（特定寄附金に該当）　20,000円

⑵ 日本赤十字社に対する寄附金（特定寄附金に該当）　5,000円

［　　　　円］＋［　　　　円］＝［　　　　円］
［　　　　円］×［0.　　］＝［　　　　円］
いずれか少ない金額

［　　　　円］－［　　　　円］＝［　　　　円］

086 物品販売業を営むＡ(57歳)の本年分の総所得金額等は6,553,000円であった。よって，次の資料により，所得控除額を計算しなさい。

＜資　料＞

(1) 実母が本年10月23日から17日間入院し，この治療費はＡが支払った。この治療費につき総所得金額等から控除される金額を適法に計算したところ，145,720円であった。

(2) Ａが本年中に支払った保険料は次のとおりである。

①	国民年金保険料，国民健康保険料及び介護保険料	678,400円
②	妻を受取人とする一般の生命保険料（平成23年の契約）	112,500円
③	妻を受取人とする個人年金保険料（平成20年の契約）	78,800円

(3) 本年末現在，Ａと生計を一にし，かつ，同居している親族は次のとおりである。

妻	52歳	青色事業専従者
長　男	27歳	会社員（給与所得金額3,450,000円がある。）
長　女	22歳	大学生（無収入）
実　母	84歳	無　職（無収入・一般の障害者）

区　分	金　額	計　算　過　程
1.医療費控除	円	
2.社会保険料控除	円	
3.生命保険料控除	円	①　一般の生命保険料 支払額が　円　を超えるため　円 ②　個人年金保険料 円 × $\frac{1}{4}$ ＋ 25,000円 ＝ 円 ③　控除額　①＋②＝ 円
4.障害者控除	円	
5.扶養控除	円	長女 円 ＋ 実母 円 ＝ 円
6.基礎控除	円	
7.所得控除合計	円	1＋2＋3＋4＋5＋6＝ 円

087　物品販売業を営む中野英太郎(57歳)の本年分の総所得金額等は9,221,900円（合計所得金額も同額）であった。よって，次の資料により，所得控除額及び課税総所得金額を計算しなさい。なお損失の繰越控除はなかった。

＜資　料＞

(1)　実父が本年７月８日から16日間入院し，その治療費を支払った。この治療費につき総所得金額から控除される金額を適法に計算したところ，87,330円であった。

(2)　中野英太郎が，本年中に支払った保険料は次のとおりである。

①	国民年金保険料，国民健康保険料及び介護保険料	865,000円
②	妻を受取人とする一般の生命保険料（平成21年の契約）	86,000円
③	妻を受取人とする介護医療保険料	95,000円
④	居住している家屋及び生活用動産に対する地震保険契約の保険料	78,000円

(3)　本年末現在，中野英太郎と生計を一にし，かつ，同居している親族は次のとおりである。

妻	50歳	無　職（無収入）
長　男	30歳	青色事業専従者
長　女	24歳	大学院生（無収入・一般の障害者）
次　男	22歳	大学生（無収入）
実　父	81歳	無　職（無収入）

区　　分	金　　額	計　　算　　過　　程
1.医療費控除	円	
2.社会保険料控除	円	
3.生命保険料控除	円	①　一般の生命保険料 円 × $\frac{1}{4}$ + 25,000円 = 円 ②　介護医療保険料 支払額が　円　を超えるため　円 ③　控除額　①＋②＝　円
4.地震保険料控除	円	支払額が　円　を超えるため　円
5.障害者控除	円	
6.配偶者控除	円	
7.扶養控除	円	長　女　　次　男　　実　父 円 ＋ 円 ＋ 円 ＝　円
8.基礎控除	円	
9.所得控除合計	円	1＋2＋3＋4＋5＋6＋7＋8＝　円
10.課税総所得金額	円	円 − 円 ＝ 円 →　円（1,000円未満切捨て）

発展問題

088 物品販売業を営むA（46歳）の本年分の総所得金額等は10,000,000円（合計所得金額も同額）であった。よって，次の資料により，所得控除額及び課税総所得金額を計算しなさい。

＜資　料＞

(1) Aが本年中に家計費から支出した費用

① A及びAと生計を一にする親族に係る医療費　335,000円

なお，この金額のほか，本年末12月末日現在未払いの医療費が20,000円ある。

② 国民年金保険料，国民健康保険料及び介護保険料　865,000円

③ 妻を受取人とする一般の生命保険料（平成25年の契約）　64,000円

④ 妻を受取人とする個人年金保険料（平成20年の契約）　120,000円

⑤ 日本赤十字社に対する寄附金（特定寄附金に該当する。）　60,000円

⑥ 住宅に係る地震保険料　36,000円

(2) 本年末現在，Aと生計を一にし，かつ，同居している親族は次のとおりである。

① 妻　（48歳）　無職（無収入）

② 長男　（23歳）　青色事業専従者

③ 長女　（20歳）　大学生・アルバイト給与収入900,000円あり

④ 妻の母　（74歳）　無職（無収入）・特別障害者

区　分	金　額	計　算　過　程
1.医療費控除	円	円 − { 円 × 5% = 円 ① ／ 円 ② } ①②のうちいずれか少ない方の金額 = 円
2.社会保険料控除	円	
3.生命保険料控除	円	① 一般の生命保険料控除額 円 × $\frac{1}{4}$ + 円 = 円 ② 個人年金保険料控除額 円 > 円 ∴ 円 ③ 合計 円 + 円 = 円
4.地震保険料控除	円	円 ≦ 円 ∴ 円
5.寄附金控除	円	{ 円 ① ／ 円 × % = 円 ② } − 円 ①②のうちいずれか少ない方の金額 = 円

6.障害者控除	円	
7.配偶者控除	円	
8.扶 養 控 除	円	長 女 円 ＋ 妻の母 円 ＝ 円
9.基 礎 控 除	円	
10.所得控除合計	円	
11.課税総所得金額	円	円 － 円 ＝ 円

第5章 課税総所得金額の計算

089 甲の本年の所得および所得控除に関する資料は，次のとおりであった。課税総所得金額を求めなさい。

事業所得	収入金額	3,500,000円	必要経費	1,024,000円	
一時所得	〃	756,000円	〃	165,000円	
雑所得	〃	90,000円	〃	25,000円	
健康保険料支払額		176,000円	（一般）生命保険料支払額	29,000円	（平成22年の契約）
地震保険料支払額		12,000円	特定寄附金支出額	120,000円	

控除対象配偶者のほか一般の扶養家族（18歳と16歳）がいる。

事業所得の金額　[　　円] − [　　円] = [　　円]

一時所得の金額　[　　円] − [　　円] − [　　円] = [　　円]

雑所得の金額　[　　円] − [　　円] = [　　円]

総所得金額　[　　円] + [　　円] × [—] + [　　円] = [　　円]

所得控除額：社会保険料控除額 ………………………………… [　　円]

生命保険料控除額　[　　円] × [—] + [　　円] = [　　円]

地震保険料控除額 ………………………………… [　　円]

寄附金控除額 ………… [　　円] − [　　円] = [　　円]

配偶者控除額 ………………………………… [　　円]

扶養控除額 ………………… [　　円] × [　　] = [　　円]

基礎控除額 ………………………………… [　　円]

合計　[　　円]

課税総所得金額 ………… [　　円] − [　　円] = [　　円] → [　　円]

090　次の資料によって物品販売業を営んでいる甲(50歳)の課税総所得金額を計算しなさい。

＜資　料＞

収 支 計 算 書　(令和××年分)

年初棚卸高	1,800,000円	売上高	19,220,000円
当年仕入高	13,680,000	年末棚卸高	2,040,000
営業費	3,414,000	雑収入	860,000
当年利益	**3,226,000**		
	22,120,000		22,120,000

〔付記事項〕

1．青色申告の承認を受けており，すべての取引を正規の簿記の原則に従い，記帳している。また65万円の青色申告特別控除適用の要件を備えているものとする。

2．営業費の中には次の支出が含まれている。

(1)　所得税　84,000円

(2)　住民税　62,000円

(3)　事業税　30,000円

(4)　生活費　900,000円

(5)　水道料，光熱費のうち家事関連費として認められる金額　72,000円

3．雑収入860,000円の内訳

(1)　建物の貸付による本年中の賃貸料　828,000円

ただし，この貸付による本年中の必要経費は128,000円であり未計上である。

(2)　仕入先からのリベート　32,000円

4．甲が本年中に支払った社会保険料と生命保険料の内訳

(1)　国民健康保険料190,000円，国民年金保険料160,000円

(2)　妻を受取人とする平成25年に契約の介護医療保険料の支払額62,800円

5．甲と生計を一にする親族は次のとおりである。

妻	48歳	家事
長男	20歳	大学生
長女	17歳	高校生
母	76歳	無職(別居)

〔1〕　事業所得金額

1．総収入金額　［　　　円］＋［　　　円］＝［　　　円］

2．必要経費　(1)　売上原価　［　　　円］＋［　　　円］－［　　　円］

＝［　　　円］

(2)　営業費　［　　　円］－［　　　円］－［　　　円］

－［　　　円］－［　　　円］＝［　　　円］

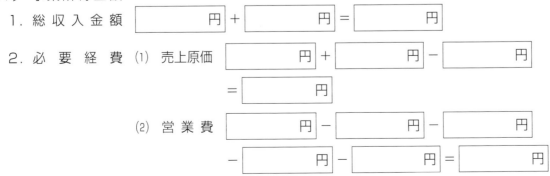

3．事業所得金額　円 －（ 円 ＋ 円 ）＝ 円

〔2〕不動産所得金額　円 － 円 － 青色申告特別控除額 円 ＝ 円

〔3〕総所得金額　円 ＋ 円 ＝ 円

〔4〕所得控除額

(1) 社会保険料控除　円 ＋ 円 ＝ 円

(2) 生命保険料控除　円 × $\frac{1}{4}$ ＋ 20,000円 ＝ 円

(3) 配偶者控除　円

(4) 扶養控除　円 ＋ 円 ＋ 円 ＝ 円

(5) 基礎控除　円

(6) 所得控除額合計　円 ＋ 円 ＋ 円 ＋ 円 ＋ 円 ＝ 円

〔5〕課税総所得金額　円 － 円 ＝ 円

↓

1,000円未満（　　）円

力だめし

091 次の資料により，物品販売業を営むA（55歳）の令和６年分の各種所得の金額，所得控除額及び課税所得金額を同人に最も有利になるように計算しなさい。**3級**

<資料 1>

損 益 計 算 書

自令和６年１月１日 至令和６年12月31日 （単位：円）

科　　目	金　　額	科　　目	金　　額
年初商品棚卸高	4,507,000	当年商品売上高	85,642,000
当年商品仕入高	50,889,000	年末商品棚卸高	4,149,000
営　業　費	25,360,000	雑　収　入	5,372,000
青色事業専従者給与	4,536,000		
当　年　利　益	**9,871,000**		
	95,163,000		95,163,000

付記事項

(1) Aは，青色申告書の提出の承認を受けており，また，開業時よりすべての取引を正規の簿記の原則に従って記録し，これに基づいて貸借対照表及び損益計算書を作成し，確定申告書に添付している。また65万円の青色申告特別控除の要件を備えている。

なお，棚卸資産の評価方法及び減価償却資産の償却方法についての届け出は行っていない。

(2) Aが家事のために消費した商品（通常の販売価額572,000円，仕入価額344,000円）については，当年商品売上高に何ら計上されていない。

(3) 損益計算書の年末商品棚卸高は，最終仕入原価法に基づく原価法により評価した金額である。

(4) 雑収入の内訳は次のとおりである。

① 商品空箱の売却代金　2,000円

② 友人に対する貸付金（事業には関連しない）の利子　26,000円

③ 所有する株式について受け取った配当金

（上場株式等に係るものではなく，源泉所得税20.42%控除後の金額）238,740円

④ 生命保険契約（掛金支払者A，掛金の支払総額780,000円，保険期間20年）の満期返戻金

1,400,000円

⑤ 駐車場の貸し付け収入　3,368,000円

この駐車場は月極（当月の駐車料は当月末日に支払いを受ける契約）のものであり，車両の出入について管理者を置いていない。令和６年12月分のうち84,000円は未収のため雑収入に含めていないが，令和７年１月分のうち168,000円を本年12月に受け取り，雑収入に含めている。

⑥ 上記⑤の駐車場貸付時に受け取った敷金（預り金）　337,260円

(5) 営業費の内訳は次のとおりであり，いずれも適法に計算されている。

① 所得税納付額　1,372,000円

② 住民税納付額　1,134,000円

③ 物品販売業に係る事業税納付額　609,000円

④　駐車場に係る固定資産税納付額　　314,000円（付記事項(4)の⑤⑥参照）

⑤　上記以外の駐車場に係る経費　　1,098,000円（付記事項(4)の⑤⑥参照）

⑥　上記以外の物品販売業に係る営業費　　20,833,000円

(6)　令和6年9月1日に車両を取得し，ただちに事業の用に供しているが，この車両についての減価償却費の計算は行っておらず，上記の(5)の⑥の営業費に含まれていない。なお，車両以外の物品販売業に係る資産の減価償却費は適正に計算され，上記(5)の⑥の営業費に含まれている。

車両の取得価額　3,000,000円

耐用年数　5年（耐用年数5年の償却率は，定額法 0.200，定率法 0.400）

(7)　青色事業専従者給与は物品販売業に従事している次男に対して支払ったものである。これは青色事業専従者給与に関する届出書に記載した金額の範囲内であり，労務の対価として相当額である。

<資 料 2>

(1)　Aは，実父が令和6年8月8日から12日間入院したことによる治療費を支払っている。この治療費につき総所得金額から控除される金額を適法に計算したところ128,520円であった。

(2)　Aが，令和6年中に支払った保険料は次のとおりである。

①	国民年金保険料，国民健康保険料及び介護保険料	932,000円
②	妻を受取人とする一般の生命保険料（平成27年に契約）	64,000円
③	妻を受取人とする個人年金保険料（平成20年に契約）	186,000円
④	居住している家屋に対する地震保険契約の保険料	83,000円

(3)　本年末日現在，Aと生計を一にし，かつ，同居している親族は次のとおりである。

妻	54歳	無　職（無収入）
長　男	32歳	会社員（給与所得の金額4,767,000円あり）
次　男	28歳	青色事業専従者
長　女	25歳	大学生（無収入・一般の障害者）
次　女	21歳	大学生（無収入）
実　父	85歳	無　職（無収入）

1．各種所得の金額及び総所得金額の計算

区　分	金　額	計　算　過　程
(　　　)所得	①　　円	円 ÷ (1 − 0.) = 円
不動産所得	②　　円	(1) 総収入金額 円 + 円 − 円 = 円 (2) 必要経費 円 + 円 = 円 (3) 不動産所得の金額 円 − 円 − 円 = 円
事業所得	③　　円	(1) 総収入金額　(注) 円 + 円 + 円 = 円 (注)家事消費の計算 円 < (円 × 0. = 円)　∴ 円 (2) 必要経費 ㋐ 売上原価 円 + 円 − 円 = 円 ㋑ 営業費　(注)減価償却費 円 + 円 + 円 = 円 (注)減価償却費の計算 円 × 0. × $\frac{\quad}{\quad}$ = 円 ㋒ 青色事業専従者給与　円 (3) 事業所得の金額　必要経費(㋐+㋑+㋒) 円 − 円 = 円
(　　　)所得	④　　円	円 − 円 − 円 = 円

(　　　)所得	⑤　　　　円	
総所得金額	⑥　　　　円	①＋②＋③＋④×［――］＋⑤＝［　　　　円］

2．所得控除額及び課税総所得金額の計算

区　分	金　額	計　算　過　程
(　　　)控除	⑦　　　　円	
社会保険料控除	⑧　　　　円	
生命保険料控除	⑨　　　　円	㋐　一般の生命保険料 ［　　　　円］×$\frac{1}{4}$＋20,000円＝［　　　　円］ ㋑　個人年金保険料 支払額が［　　　　円］を超えるため［　　　　円］ ㋒　控除額 ㋐＋㋑＝［　　　　円］
地震保険料控除	⑩　　　　円	支払額が［　　　　円］を超えるため［　　　　円］
障害者控除	⑪　　　　円	
配偶者控除	⑫　　　　円	
扶養控除	⑬　　　　円	長女［　　　　］＋次女［　　　　］＋実父［　　　　］ ＝［　　　　円］
基礎控除	⑭　　　　円	
所得控除合計	⑮　　　　円	⑦＋⑧＋⑨＋⑩＋⑪＋⑫＋⑬＋⑭＝［　　　　円］
課税総所得金額	⑯　　　　円	⑥－⑮＝［　　　　円］→［　　　　円］(1,000円未満切り捨て)

第6章 申告納税額の計算

1．課税総所得金額等に対する税額

092 次の文章の（　）の中にあてはまる語を下から選んで記入しなさい（同じ語を2回以上用いることがある）。

1．所得税額は，利子所得，配当所得，不動産所得，事業所得，給与所得，土地建物等以外の譲渡所得*，一時所得*，雑所得の各種所得金額の合計額（これを（イ．　　　　）金額という）に対する税額と（ロ．　　　　）所得金額に対する税額と山林所得金額に対する税額がそれぞれ別々に計算される。また，土地建物等の（ハ．　　　　）所得は（ニ．　　　　）課税として，別の税率により税額が計算される。

（注）＊印の一時所得と長期譲渡所得はその合計額の $\frac{1}{2}$ だけが算入される。

2．総所得金額から各種の所得控除額を差引いた残額を課税（ホ．　　　　）金額といい千円未満の端数は切り捨てられる。

譲　　渡	総　所　得	退　　職	分　　離

093 次の文章の（　）の中にあてはまる語を下から選んで記入しなさい。

1．所得税の税額は分離課税となるものを除き，課税所得金額に下の（イ．　　　　）税率による税率表に従って計算する（ただし，課税山林所得金額に対する税額は特殊な計算による。）のが本来である。

課税所得の金額		税率
195万円以下		5 %
195万円超	330万円以下	10 %
330万円超	695万円以下	20 %
695万円超	900万円以下	23 %
900万円超	1,800万円以下	33 %
1,800万円超	4,000万円以下	40 %
4,000万円超		45 %

2．通常は下の「所得税の税額（ロ．　　　　）表」で算出する。

課税所得金額(A)		算式
195万円以下		(A)×5％
195万円超	330万円以下	(A)×10％－　97,500円
330万円超	695万円以下	(A)×20％－　427,500円
695万円超	900万円以下	(A)×23％－　636,000円
900万円超	1,800万円以下	(A)×33％－1,536,000円
1,800万円超	4,000万円以下	(A)×40％－2,796,000円
4,000万円超		(A)×45％－4,796,000円

3．課税総所得金額に（ハ．　　　　）円未満の端数があるときは，これを切捨てる。

4．山林所得の場合には，課税山林所得金額を（ニ．　　　　）した金額を基に上記算式により計算し，その算出された金額を（ホ．　　　　）した金額が求める税額とされる。

速　　算	累　　進	5分の1	5倍	1,000

094 所得税額速算表により下記の各課税総所得金額に対する所得税額をそれぞれ計算しなさい。

イ．430万円の場合

$$\boxed{\text{万円}}\times\boxed{\%}-\boxed{\text{円}}=\boxed{\text{円}}$$

ロ．1,380万円の場合

$$\boxed{\text{万円}}\times\boxed{\%}-\boxed{\text{円}}=\boxed{\text{円}}$$

ハ．2,100万円の場合

$$\boxed{\text{万円}}\times\boxed{\%}-\boxed{\text{円}}=\boxed{\text{円}}$$

ニ．8,400万円の場合

$$\boxed{\text{万円}}\times\boxed{\%}-\boxed{\text{円}}=\boxed{\text{円}}$$

095 下記の課税譲渡所得金額（分離課税）に対する所得税額をそれぞれ計算しなさい。 **2級**

(1) 課税長期譲渡所得金額が2,450,000円

$$\boxed{\text{円}}\times\boxed{\%}=\boxed{\text{円}}$$

(2) 課税短期譲渡所得金額が1,080,000円

$$\boxed{\text{円}}\times\boxed{\%}=\boxed{\text{円}}$$

096 下記の課税山林所得金額に対する所得税額をそれぞれ計算しなさい。 **2級**

(1) 課税山林所得金額が1,580,000円

$$\left\{\left(\boxed{\text{円}}\div\boxed{}=\boxed{\text{円}}\right)\times\boxed{\%}=\boxed{\text{円}}\right\}\times\boxed{}$$
$$=\boxed{\text{円}}$$

(2) 課税山林所得金額が15,000,000円

$$\left\{\left(\boxed{\text{円}}\div\boxed{}=\boxed{\text{円}}\right)\times\boxed{\%}-\boxed{\text{円}}\right.$$
$$\left.=\boxed{\text{円}}\right\}\times\boxed{}=\boxed{\text{円}}$$

2．税額控除

097 次の各種控除項目のうち，税額控除に該当するものには○を（　　）の中に記入しなさい。

1.（　　）扶養控除　　　　2.（　　）基礎控除　　　　3.（　　）配当控除

4.（　　）外国税額控除　　5.（　　）寡夫控除　　　　6.（　　）雑損控除

7.（　　）寄附金控除　　　8.（　　）住宅借入金等特別控除

098 次の文章の（　　）の中にあてはまる語又は数字を下から選んで記入しなさい（同じ語又は数字を２回以上用いることがある）。

1．各種の課税所得金額について計算された（イ.　　　　）から，（ロ.　　　　）控除，住宅借入金等特別控除等の（ハ.　　　　）控除を行い「差引所得税額」（マイナスになるときは０とする）を算出する。

2．配当控除額は次の算式により計算される。

まず課税総所得金額等から証券投資信託の収益分配金を控除する（この残額をＡとする）。次に配当所得の金額（分離課税を選択したものや確定申告をしない少額配当は含まない）から証券投資信託の収益分配金，基金利息を控除する（この残額をＢとする）。

⑴ Ａが（ニ.　　　　　）万円以下の場合

Ｂ×（ホ.　　　%）＝配当控除額

⑵ Ａが（ヘ.　　　　　）万円を超える場合

① 〔Ａ－(ト.　　　　　)万円〕*×(チ.　　　%)＝Ｘ

② 〔Ｂ－(Ａ－(リ.　　　　　)万円)〕×(ヌ.　　　%)＝Ｙ

Ｘ＋Ｙ＝(ル.　　　　)控除額

＊印の〔　　〕内で算出される額がＢ以上になるときはＢとする。その場合は②の計算は不要となる。

（注） 上記の課税総所得金額等には分離課税の課税譲渡所得も含める。

配　　当	税　　額	5	10	1,000

099 課税総所得金額が500万円，配当控除が５万円の場合の配当控除後の所得税額を計算しなさい。

［　　　　万円］×［　　　%］－［　　　　円］＝［　　　　円］

［　　　　円］－50,000円＝［　　　　円］

100 次の文章の（　　）の中にあてはまる語を下から選んで記入しなさい。

各種の課税所得金額から税額控除を行い算出された「差引所得税額」から，（イ.　　　　）や配当等の受取りの際控除された（ロ.　　　　）税額を差引いて（ハ.　　　　）額を算出する。この金額がマイナスになったときは税金が（ニ.　　　　）されることになる。

還　　付	源 泉 徴 収	給　　与	申 告 納 税

101 次の資料により，申告納税額を計算しなさい。**2級**

＜資　料＞

① 総所得金額　8,651,575円

② 長期譲渡所得金額　3,300,000円

③ 所得控除合計　3,769,000円

④ 配当所得の金額　240,500円

⑤ 源泉徴収税額　62,500円

⑥ 税額速算表

課税される所得金額		税　率	控　除　額
1,950,000円以下		5％	――
1,950,000円超	3,300,000円以下	10%	97,500円
3,300,000円超	6,950,000円以下	20%	427,500円
6,950,000円超	9,000,000円以下	23%	636,000円
9,000,000円超	18,000,000円以下	33%	1,536,000円
18,000,000円超	40,000,000円以下	40%	2,796,000円
40,000,000円超		45%	4,796,000円

●課税所得金額の計算

区　分	金　額	計　算　過　程
課税総所得金額	円	円 − 円 ＝ 円 (1,000円未満切捨)
課税長期譲渡所得金額	円	(1,000円未満切捨)
合　計	円	(1,000円未満切捨)

●納付税額の計算

区　分	金　額	計　算　過　程
課税総所得金額に対する税額	円	円 × % − 円 ＝ 円
課税長期譲渡所得金額に対する税額	円	円 × % ＝ 円
算出税額	① 円	
配当控除	② 円	円 × % ＝ 円
差引所得税額(基準所得税額)	③ 円	① 円 − ② 円 ＝ 円
復興特別所得税額	④ 円	③ 円 × 2.1% ＝ 円
合計税額	⑤ 円	③ 円 ＋ ④ 円 ＝ 円
源泉徴収税額	⑥ 円	
申告納付税額	⑦ 円	⑤ 円 − ⑥ 円 ＝ 円 (100円未満切捨)

102 次の資料により，申告納税額を計算しなさい。**2級**

<資　料>

① 総所得金額　6,547,695円　　④ 所得控除合計　3,629,250円

② 長期譲渡所得金額　1,555,000円　　⑤ 配当所得の金額　255,000円

③ 山林所得金額　5,040,000円

上記の配当所得の金額は，A非上場株式の配当によるもので，源泉徴収前の金額は，375,000円である。

⑥ 税額速算表

課税される所得金額		税　率	控　除　額
1,950,000円以下		5％	――
1,950,000円超	3,300,000円以下	10%	97,500円
3,300,000円超	6,950,000円以下	20%	427,500円
6,950,000円超	9,000,000円以下	23%	636,000円
9,000,000円超	18,000,000円以下	33%	1,536,000円
18,000,000円超	40,000,000円以下	40%	2,796,000円
40,000,000円超		45%	4,796,000円

●課税所得金額の計算

区　　分	金　　額	計　　算　　過　　程
課税総所得金額	円	円 － 円 ＝ 円 (1,000円未満切捨)
課税長期譲渡所得金額	円	(1,000円未満切捨)
課税山林所得金額	円	(1,000円未満切捨)
合　　計	円	

●納付税額の計算

区　　分	金　　額	計　　算　　過　　程
課税総所得金額に対する税額	円	円 × ％ － 円 ＝ 円
課税長期譲渡所得金額に対する税額	円	円 × ％ ＝ 円
課税山林所得金額に対する税額	円	{(円 ÷ ＝ 円) × ％ ＝ 円 } × ＝ 円
算　出　税　額	① 円	
配　当　控　除	② 円	円 × ％ ＝ 円
差引所得税額 (基準所得税額)	③ 円	① 円 － ② 円 ＝ 円
復興特別所得税額	④ 円	③ 円 × 2.1% ＝ 円
合　計　税　額	⑤ 円	③ 円 ＋ ④ 円 ＝ 円
源　泉　徴　収　税　額	⑥ 円	円 × ％ ＝ 円
申　告　納　付　税　額	⑦ 円	⑤ 円 － ⑥ 円 ＝ 円 (100円未満切捨)

発展問題

103 次の資料により，物品販売業Aの申告納税額を計算しなさい。
　なお，Aは開業した18年前から青色申告書の提出の承認を受けている。すべての取引を正規の簿記の原則にしたがっており，貸借対照表及び損益計算書を作成し，確定申告書に添付することとしている。

<資　料>

(1) 各種所得金額

① 配当収入（上場株式等でない）　175,076円（20.42%源泉徴収税額控除後の手取額）
　株式取得のための借入金の利子が72,000円ある。

② 事業所得（青色申告特別控除済み）　6,026,000円

③ 山林の譲渡による収入（8年前に取得）　10,000,000円
　取得費用は3,000,000円，管理育成費用は2,850,000円，伐採・譲渡費用は525,000円である。

④ 土地の譲渡による収入（15年前に取得）　9,700,000円
　取得費用は6,500,000円，譲渡の際の仲介手数料は351,000円である。

⑤ 原稿料収入（本業でない）　161,622円（10.21%源泉徴収税額控除後の手取額）
　執筆に係る経費が33,000円ある。

⑥ 生命保険契約の満期返戻金　6,078,000円
　（掛金支払者は本人，掛金の支払総額4,957,000円，保険期間20年）

(2) 本年中に家計費から支出した費用

① 本人及び生計を一にする親族に係る医療費　341,400円

② 本人が負担すべき国民年金保険料，国民健康保険料及び介護保険料　727,000円

③ 妻を受取人とする介護医療保険料（平成25年に契約）　135,000円

④ 妻を受取人とする個人年金保険料（平成21年に契約）　93,000円

⑤ 住宅に係る地震保険料　24,000円

⑥ 独立行政法人に対する寄附金（特定寄附金）　200,000円
　この寄附金は事業とは関係のないものである。

(3) 本年末日現在本人と生計を一にし，かつ，同居している親族は次のとおりである。

① 妻　(46歳)　青色事業専従者

② 長　男　(22歳)　大学生・アルバイト給与収入800,000円あり

③ 長　女　(17歳)　高校生・一般障害者

④ 次　男　(15歳)　中学生・無収入

(4) 税額速算表

課税される所得金額		税　率	控　除　額
1,950,000円以下		5%	――
1,950,000円超	3,300,000円以下	10%	97,500円
3,300,000円超	6,950,000円以下	20%	427,500円
6,950,000円超	9,000,000円以下	23%	636,000円
9,000,000円超	18,000,000円以下	33%	1,536,000円
18,000,000円超	40,000,000円以下	40%	2,796,000円
40,000,000円超		45%	4,796,000円

●各種所得の金額の計算

区　分	金　額	計　算　過　程
配当所得	円	1. 収入金額　　円 ÷ 0.　 = 　円 2. 負債の利子　　円 3. 配当所得の金額　1 − 2 = 　円
事業所得	円	
山林所得	円	1. 総収入金額　　円 2. 必要経費　　円 + 　円 + 　円 = 　円 3. 山林所得の金額 1 − 2 − 　円 = 　円
分離（　　）期 譲渡所得	円	円 −（　円 + 　円） = 　円
（　　　）所得	円	円 − 　円 − 　円 = 　円
（　　　）所得	円	（　円 ÷ 0.　 = 　円） − 　円 = 　円

●課税標準額の計算

区　分	金　額	計　算　過　程
総所得金額	円	円 + 　円 + 　円 + 　円 × $\frac{1}{2}$ = 　円
長期譲渡所得 の金額	円	
山林所得金額	円	
合計	円	

●所得控除額の計算

区　　分	金　　額	計　　算　　過　　程
医療費控除	円	円 − { 円 ×5%＝ 円 ① 円 ② } ①②のうちいずれか少ない方の金額 ＝ 円
社会保険料控除	円	
生命保険料控除	円	①　介護医療保険料控除額 円 ＞ 円　∴ 円 ②　個人年金保険料控除額 円 $\times \frac{1}{4}$ ＋ 円 ＝ 円 ③　合計　円 ＋ 円 ＝ 円
地震保険料控除	円	
寄附金控除	円	{ 円 ① 円 × % ＝ 円 ② } ①②のうちいずれか少ない方の金額 − 円 ＝ 円
障害者控除	円	
配偶者控除	円	
配偶者特別控除	円	
扶養控除	円	長男　長女　次男 円 ＋ 円 ＋ 円 ＝ 円
基礎控除	円	
所得控除合計	円	

●課税所得金額の計算

区分	金額	計算過程
課税総所得金額	円	円 － 円 ＝ 円 （1,000円未満切捨）
課税長期譲渡所得金額	円	（1,000円未満切捨）
課税山林所得金額	円	（1,000円未満切捨）
合計	円	

●納付税額の計算

区分	金額	計算過程
課税総所得金額に対する税額	円	円 × % － 円 ＝ 円
課税長期譲渡所得金額に対する税額	円	円 × % ＝ 円
課税山林所得金額に対する税額	円	{（ 円 ÷ ＝ 円 ）× % ＝ 円 } × ＝ 円
算出税額	① 円	
配当控除	② 円	円 × % ＝ 円
差引所得税額（基準所得税額）	③ 円	① 円 － ② 円 ＝ 円
復興特別所得税額	④ 円	③ 円 × 2.1% ＝ 円
合計税額	⑤ 円	③ 円 ＋ ④ 円 ＝ 円
源泉徴収税額	⑥ 円	円 × % ＋ 円 × % ＝ 円
申告納付税額	⑦ 円	⑤ 円 － ⑥ 円 ＝ 円 （100円未満切捨）

第7章 申告・納税・還付等

104 次の文章の（　　）の中にあてはまる語又は数字を下から選んで記入しなさい（同じ語及び数字を２回以上用いることがある）。

1．所得税は，毎年（イ.　　　　　）から（ロ.　　　　　）までの所得金額について，翌年（ハ.　　　　　）から（ニ.　　　　　）までの期間に，所轄の（ホ.　　　　　）に（ヘ.　　　　　）書を提出し，納税する。

2．１年の税金を一時に納税することは，納税者にとって負担が大きすぎるため及び国の歳入の平準化のために（ト.　　　　　）制度とともに，申告所得税について，（チ.　　　　　）制度が採用され，この（リ.　　　　　）額は（ヌ.　　　　　）で精算される。

3．平成25年から令和19年までの間に所得税の納税義務のある個人は，所得税と併せて（ル.　　　　　）を納付しなければならない。

確定申告	予定納税	源泉徴収	復興特別所得税	税務署長
1月1日	2月16日	3月15日	12月31日	

105 次の文章の（　　）の中にあてはまる語又は数字を下から選んで記入しなさい（同じ語及び数字を２回以上用いることがある）。

1．予定納税基準額が（イ.　　　　）万円以上の場合には，第１期及び第２期の納期において，それぞれ，その（ロ.　　　）ずつを（ハ.　　　　）納税することになっている。

2．予定納税基準額は，その年の（ニ.　　　　　）において確定し，（ホ.　　　　　）までに，税務署長から予定納税額とともに，（ヘ.　　　）で通知される。

3．第１期の予定納税は，その年の（ト.　　　　　）から（チ.　　　　　）まで。第２期の予定納税は，その年の（リ.　　　　　）から（ヌ.　　　　　）までとなっている。

4．各期の予定納税額（（ル.　　　　）納税基準額の（ヲ.　　　））の（ワ.　　　　　）円未満の端数は（カ.　　　　　）ことになっている。

予定	書面	$\frac{1}{3}$	7月1日	5月15日	6月15日
7月31日	切り捨てる	11月1日	11月30日	100	15

106 次の文章の（　　）の中にあてはまる語又は数字を下から選んで記入しなさい。

1．その年中の所得金額の合計（(イ.　　　　)課税の所得金額を含む）から所得（ロ.　　　　）を控除した各課税所得金額に（ハ.　　　　）を適用して計算した所得税額が，配当控除などの（ニ.　　　　）控除額を超える場合には，(ホ.　　　　）申告書を提出しなければならない。ただし，源泉徴収だけで課税関係が終了するものを除く。

2．確定申告書は翌年（ヘ.　　　　）から（ト.　　　　）までに（チ.　　　　）の所轄税務署長に提出し，税金を（リ.　　　　）する。

税　額	確　定	納 税 地	税　率	控　除
納　付	分　離	2月16日	3月15日	

107 次の文章の（　　）の中にあてはまる語を下から選んで記入しなさい。

所得税の還付には，（イ.　　　　）納税額の還付，純損失の繰戻しによる還付，（ロ.　　　　）税額の還付，災害に基づく還付がある。

予定納税額の還付は，(ハ.　　　　)することにより還付され，源泉徴収税額の還付は，(ニ.　　　　)時又は確定申告することにより還付される。

源 泉 徴 収	確 定 申 告	予　定	年 末 調 整

108 次のA群に関係ある項目等をB群，C群から選んで記号で答えなさい。

A群	B群	C群
イ．予 定 納 税	a．税額の増加	甲　5月31日
ロ．延　納	b．税額の減少	乙　7月15日
ハ．修 正 申 告	c．$\frac{1}{2}$の 納 付	丙　5年以内
ニ．更正の請求	d．減額の申請	丁　同時納付

A　群	B　群	C　群
イ		
ロ		
ハ		
ニ		

第8章 源泉徴収と年末調整

109 次の文章の（　　）の中にあてはまる語を下から選んで記入しなさい。（同じ語を２回以上用いることがある。）

1．所得税は（イ.　　　　）納税制度を基本としているが，ある種の所得については，その（ロ.　　　　）をする者が所得税を徴収して納付することになっている。これを(ハ.　　　　)徴収制度といっている。

2．源泉徴収制度が行われる主な理由は，

⑴　その所得についての（ニ.　　　　）者に徴収及び納付の義務を持たせるため，徴収が簡易になる。

⑵　実際の所得者よりも，ずっと数の少ない支払者を管理して行くことで(ホ.　　　　)を防止できる。

⑶　納税者にとっても，一時に多額の納税をする（ヘ.　　　　）納税よりも，納税が容易になり，特に（ト.　　　　）所得者の相当数は，年末（チ.　　　　）によって課税関係が完了するので，申告するわずらわしさがない。

又，（リ.　　　　）所得，（ヌ.　　　　）所得で「（ル.　　　　）不要制度」を選択した場合には，（ヲ.　　　　）徴収だけで課税関係は完了する。

⑷　国の歳入の平準化がはかれる。

等である。

給与	山林	分離	賦課	支払	調整	所得
強制	利子	申告	源泉	還付	配当	脱税

110 次の文章の（　　）の中にあてはまる語又は数字を下から選んで記入しなさい。

1．居住者に対し国内において「（イ.　　　　）等」，「（ロ.　　　　）等」，「（ハ.　　　　）等」，「退職手当等」，「報酬・料金等」などの支払をする者は，その支払の際これらについて（ニ.　　　　）を徴収し，その翌月（ホ.　　　　）日までに納付しなければならない。

2．（ヘ.　　　　）等申告書を提出した給与所得者（給与等の年額（ト.　　　　）万円以下の者）に対しては，その年最後の給与等の支払に際し年税額と既に源泉徴収した税額との過不足の額を徴収又は還付することで調整しなければならない。これを（チ.　　　　）という。

給与	確定	青色	所得税	年末調整	配当	扶養控除
申告納税	利子	5	10	30	1,000	2,000

（注）**111** **112** は弊社刊「所得税法テキスト」において解説されていない論点ですので，本書での学習を通じて理解を深めてください。（公益社団法人全国経理教育協会主催「所得税法能力検定試験」において直近での出題はありません。）

111 次の甲の11月分の給料及び12月20日支給の賞与に対する源泉徴収税額をそれぞれ求めなさい。
ただし，甲は48歳で妻（所得なし）と高校生（17歳）の子供１人がある。

給　料　316,000円（社会保険料控除後の金額）
賞　与　575,000円（　　同　　上　　）

1．「扶養控除等申告書」を提出している場合（甲欄適用）
給料に対する源泉徴収所得税額 ……………………………… イ.　　　　円
賞与に対する源泉徴収所得税額 ロ.　　　　円 × ハ.　　％ ＝ ニ.　　　　円

2．「扶養控除等申告書」を提出していない場合（乙欄適用）
給料に対する源泉徴収所得税額 ……………………………… ホ.　　　　円
賞与に対する源泉徴収所得税額 ヘ.　　　　円 × ト.　　％ ＝ チ.　　　　円

給与所得の源泉徴収税額表（月額表）（抜すい）

その月の社会保険料等控除後の給与等の金額		甲								乙
		扶養親族等の数								
		0人	1人	2人	3人	4人	5人	6人	7人	
以上	未満	税額								税額
円	円	円	円	円	円	円	円	円	円	円
290,000	293,000	8,040	6,420	4,800	3,190	1,570	0	0	0	50,900
293,000	296,000	8,140	6,520	4,910	3,290	1,670	0	0	0	52,100
296,000	299,000	8,250	6,640	5,010	3,400	1,790	160	0	0	52,900
299,000	302,000	8,420	6,740	5,130	3,510	1,890	280	0	0	53,700
302,000	305,000	8,670	6,860	5,250	3,630	2,010	400	0	0	54,500
305,000	308,000	8,910	6,980	5,370	3,760	2,130	520	0	0	55,200
308,000	311,000	9,160	7,110	5,490	3,880	2,260	640	0	0	56,100
311,000	314,000	9,400	7,230	5,620	4,000	2,380	770	0	0	56,900
314,000	317,000	9,650	7,350	5,740	4,120	2,500	890	0	0	57,800
317,000	320,000	9,890	7,470	5,860	4,250	2,620	1,010	0	0	58,800
320,000	323,000	10,140	7,600	5,980	4,370	2,750	1,130	0	0	59,800
323,000	326,000	10,380	7,720	6,110	4,490	2,870	1,260	0	0	60,900
326,000	329,000	10,630	7,840	6,230	4,610	2,990	1,380	0	0	61,900
329,000	332,000	10,870	7,960	6,350	4,740	3,110	1,500	0	0	62,900
332,000	335,000	11,120	8,090	6,470	4,860	3,240	1,620	0	0	63,900

賞与に対する源泉徴収税額の算出率の表（抜すい）

賞与の金額に乗ずべき率	甲																乙	
	扶養親族等の数																	
	0人		1人		2人		3人		4人		5人		6人		7人以上			
	前月の社会保険料等控除後の給与等の金額																前月の社会保険料等控除後の給与等の金額	
	以上	未満	以上	未満	以上	未満	以上	未満	以上	未満	以上	未満	以上	未満	以上	未満	以上	未満
%	千円	千円	千円	千円	千円	千円	千円	千円	千円	千円	千円	千円	千円	千円	千円	千円	千円	千円
0.000	68千円未満		94千円未満		133千円未満		171千円未満		210千円未満		243千円未満		275千円未満		308千円未満			
2.042	68	79	94	243	133	269	171	295	210	300	243	300	275	333	308	372		
4.084	79	252	243	282	269	312	295	345	300	378	300	406	333	431	372	456		
6.126	252	300	282	338	312	369	345	398	378	424	406	450	431	476	456	502		
8.168	300	334	338	365	369	393	398	417	424	444	450	472	476	499	502	523		
10.210	334	363	365	394	393	420	417	445	444	470	472	496	499	521	523	545	222千円未満	
12.252	363	395	394	422	420	450	445	477	470	503	496	525	521	547	545	571		
14.294	395	426	422	455	450	484	477	510	503	534	525	557	547	582	571	607		
16.336	426	520	455	520	484	520	510	544	534	570	557	597	582	623	607	650		
18.378	520	601	520	617	520	632	544	647	570	662	597	677	623	693	650	708		
20.420	601	678	617	699	632	721	647	745	662	768	677	792	693	815	708	838	222	293
22.462	678	708	699	733	721	757	745	782	768	806	792	831	815	856	838	880		
24.504	708	745	733	771	757	797	782	823	806	849	831	875	856	900	880	926		
26.546	745	788	771	814	797	841	823	868	849	896	875	923	900	950	926	978		
28.588	788	846	814	874	841	902	868	931	896	959	923	987	950	1,015	978	1,043		
30.630	846	914	874	944	902	975	931	1,005	959	1,036	987	1,066	1,015	1,096	1,043	1,127	293	524
32.672	914	1,312	944	1,336	975	1,360	1,005	1,385	1,036	1,409	1,066	1,434	1,096	1,458	1,127	1,482		
35.735	1,312	1,521	1,336	1,526	1,360	1,526	1,385	1,538	1,409	1,555	1,434	1,555	1,458	1,555	1,482	1,583		
38.798	1,521	2,621	1,526	2,645	1,526	2,669	1,538	2,693	1,555	2,716	1,555	2,740	1,555	2,764	1,583	2,788	524	1,118
41.861	2,621	3,495	2,645	3,527	2,669	3,559	2,693	3,590	2,716	3,622	2,740	3,654	2,764	3,685	2,788	3,717		
45.945	3,495千円以上		3,527千円以上		3,559千円以上		3,590千円以上		3,622千円以上		3,654千円以上		3,685千円以上		3,717千円以上		1,118千円以上	

112　次の資料〔1〕,〔2〕,〔3〕から，甲(45歳)の本年分給与所得に対する所得税源泉徴収簿の「年末調整」欄の記入をしなさい。

<資　料>

〔1〕ア．一般の控除対象配偶者　妻(50歳)　　所得なし

　　イ．一般の扶養親族（年初から異動なし）　3人

　　ウ．給与の総額　　給　料　7,200,000円

　　　　　　　　　　　賞　与　2,400,000円

　　　　　　　　　　　合　計　9,600,000円

　　エ．給与から徴収した所得税　695,950円 ｛②給料分　254,880円　④賞与分　441,070円｝

　　オ．給与から控除した社会保険料　600,000円

　　カ．保険料の支払額　一般の生命保険料（H19に契約）80,000円　地震保険料（1年）12,000円

〔2〕給与所得控除額表（抜粋）

給与等の収入金額	給与所得控除額
8,500,000円超	1,950,000円（上限）

〔3〕本年分の年末調整のための所得税の税額表（抜粋）

課税給与所得金額		税　率	控除額
超	以　下		
1,950,000円	3,300,000円	10%	97,500円
3,300,000円	6,950,000円	20%	427,500円
6,950,000円	9,000,000円	23%	636,000円

給与所得に対する所得税源泉徴収簿（一部抜粋／一部変形）

	区分		金額	税額
年末調整	給料・手当等		① 円	② 円
	賞与等		③	④
	計		⑤	⑥
	給与所得控除後の給与等の金額		⑦	
	社会保険料等控除額	給与等からの控除分	⑧	配偶者の合計所得金額 （ 円） 旧長期損害保険料支払額 （ 円） ⑧のうち小規模企業共済等掛金の金額 （ 円） ⑨のうち国民年金保険料等の金額 （ 円）
		申告による社会保険料の控除分	⑨	
		申告による小規模企業共済等掛金の控除分	⑩	
	生命保険料の控除額		⑪	
	地震保険料の控除額		⑫	
	配偶者特別控除額		⑬	
	配偶者控除額，扶養控除額，基礎控除額及び障害者等の控除額の合計額		⑭	
	所得控除額の合計額（⑧＋⑨＋⑩＋⑪＋⑫＋⑬＋⑭）		⑮	
	差引課税給与所得金額（⑦－⑮）及び算出所得税税額		⑯（1,000円未満切捨て）	⑰
	（特定増改築等）住宅借入金等特別控除額			⑱
	年調所得税額（⑰－⑱，マイナスの場合は0）			⑲
	年調年税額（⑲ × 102.1%）			⑳（100円未満切捨て）
	差引超過額又は不足額（⑳－⑥）			㉑

※　超過額又は不足額のうちどちらかを○印で囲むこと。

⑦の計算　　円 －　　円 ＝　　円

⑪の計算　　円 × □/□ ＋　　円 ＝　　円

⑭の計算（配偶者控除額）　　円 ＋（（扶養控除額）　　円 × 3人）＋（基礎控除額）　　円 ＝　　円

⑯の計算（⑦）　　円 －（⑮）　　円 ＝　　円（1,000円未満切捨て）

⑰の計算　　円 ×　　% －　　円 ＝　　円

⑳の計算　　円 × 102.1% ＝　　円（100円未満切捨て）

力だめし

113 次の資料により，物品販売業を営むＡ（62歳）の令和６年分の各種所得の金額，所得控除額及び課税総所得金額を同人に最も有利になるように計算しなさい。

＜資 料 1＞

損 益 計 算 書

自令和６年１月１日　至令和６年12月31日　（単位：円）

科　目	金　額	科　目	金　額
年初商品棚卸高	1,286,000	当年商品売上高	102,139,000
当年商品仕入高	66,983,000	年末商品棚卸高	2,319,000
営　業　費	33,092,000	雑　収　入	6,266,000
青色事業専従者給与	3,223,000		
当　年　利　益	**6,140,000**		
	110,724,000		110,724,000

付 記 事 項

(1)　Ａは，青色申告書の提出の承認を受けており，また，開業時よりすべての取引を正規の簿記の原則に従って記録し，これに基づいて貸借対照表及び損益計算書を作成している。なお，棚卸資産の評価方法及び減価償却資産の償却方法についての届け出は行っていない。青色申告特別控除については，65万円を適用する要件を備えている。

(2)　Ａが家事のために消費した商品（通常の販売価額650,000円，仕入価額458,000円）については，当年商品売上高に何ら計上されていない。

(3)　損益計算書の年末商品棚卸高は，最終仕入原価法に基づく原価法により評価した金額である。

(4)　雑収入の内訳は次のとおりである。

① 所有する株式について受け取った配当金
（上場株式等に係るものではなく，源泉所得税20.42%控除後の金額）　189,003円

② 当年仕入れた商品に対するリベートとして受け取った金額　144,000円

③ Ａの親戚に対する貸付金（事業には関連しない。）の利子　13,000円

④ クイズの懸賞に当選したことにより取得した賞金（所得税控除前の金額）　760,000円

⑤ アパートの家賃収入　4,929,000円

令和６年12月分のうち100,000円は未収のため雑収入に含めていないが，令和７年１月分として55,000円をすでに受け取り，雑収入に含めている。なお，家賃はその月分はその月の末日に支払いを受けることとされている。

⑥ アパート貸付時に受け取った敷金（預り金）　230,997円

(5)　営業費の内訳は次のとおりである。

① 所得税納付額　1,097,000円

② 住民税納付額　861,000円

③ 物品販売業に係る事業税納付額　265,000円

④ アパートに係る固定資産税　725,000円（付記事項(4)の⑤⑥参照）

⑤ アパートに係る経費　1,332,000円（付記事項(4)の⑤⑥参照）

⑥ 物品販売業に係る営業費　28,812,000円

(6) 令和６年４月１日に次の車両を取得し，ただちに事業の用に供しているが，この車両についての減価償却費の計算は行っておらず，上記の(5)の⑥の物品販売業の営業費には含まれていない。なお，車両以外の物品販売業に係る減価償却資産及びアパートに係る減価償却費は適正に計算され，上記(5)の⑤の経費又は(5)の⑥の営業費に含まれている。

車両の取得価額2,600,000円　　　耐用年数５年

耐用年数５年の償却率は，定額法 0.200，定率法 0.400である。

(7) 青色事業専従者給与は物品販売業に従事している長男に対して支払ったものである。これは青色事業専従者に関する届出書に記載した金額の範囲内であり，労務の対価として相当額である。

＜資 料 2＞

(1) Aは，妻が令和６年３月20日から15日間入院したことによる治療費を支払っている。この治療費につき総所得金額から控除される金額を適法に計算したところ108,460円であった。

(2) Aが，令和６年中に支払った保険料は次のとおりである。

①	国民健康保険料，国民年金保険料及び介護保険料	998,600円
②	妻を受取人とする一般の生命保険料（平成26年に契約）	132,400円
③	妻を受取人とする個人年金保険料（平成22年に契約）	94,200円
④	居住している家屋に対する地震保険料	45,000円

(3) 本年末日現在，Aと生計を一にし，かつ，同居している親族は次のとおりである。

妻	57歳	無　職　（無収入）
長　男	30歳	青色事業専従者
次　男	27歳	会社員　（給与所得の金額が2,960,000円ある。）
長　女	20歳	大学生　（無収入）
実　母	79歳	無　職　（無収入・一般の障害者）

1．各種所得の金額及び総所得金額の計算

区　分	金　額	計　算　過　程
（　　　）所得	①　　　円	円 ÷（1 － 0.　　）＝　　円
不動産所得	②　　　円	(1) 総収入金額 円 ＋　　円 －　　円 ＝　　円 (2) 必要経費 円 ＋　　円 ＝　　円 (3) 不動産所得の金額 円 －　　円 －　　円 ＝　　円
事業所得	③　　　円	(1) 総収入金額　　(注)家事消費高 円 ＋　　円 ＋　　円 ＝　　円 (注)家事消費高の計算 円 ＜　　円 × 0. ＝　　円　　∴　　円 (2) 必要経費 ㋐ 売上原価 円 ＋　　円 －　　円 ＝　　円 ㋑ 営業費　　(注)減価償却費 円 ＋　　円 ＋　　円 ＝　　円 (注)減価償却費の計算 円 × 0.　　× $\frac{\quad}{\quad}$ ＝　　円 ㋒ 青色事業専従者給与　　円 (3) 事業所得の金額　　必要経費(㋐＋㋑＋㋒) 円 －　　円 ＝　　円
（　　　）所得	④　　　円	円 －　　円 ＝　　円

(　　　)所得	⑤　　　円	
総所得金額	⑥　　　円	①＋②＋③＋④×［$\frac{\quad}{\quad}$］＋⑤＝［　　　円］

2．所得控除額及び課税総所得金額の計算

区　分	金　額	計　算　過　程
(　　　)控除	⑦　　　円	
社会保険料控除	⑧　　　円	
生命保険料控除	⑨　　　円	㋐　一般の生命保険料 支払額が［　　　円］を超えるため［　　　円］ ㋑　個人年金保険料 ［　　　円］×$\frac{1}{4}$＋25,000円＝［　　　円］ ㋒　控除額 ㋐＋㋑＝［　　　円］
地震保険料控除	⑩　　　円	
障害者控除	⑪　　　円	
配偶者控除	⑫　　　円	
扶養控除	⑬　　　円	［　　　円］＋［　　　円］＝［　　　円］
基礎控除	⑭　　　円	
所得控除額合計	⑮　　　円	⑦＋⑧＋⑨＋⑩＋⑪＋⑫＋⑬＋⑭＝［　　　円］
課税総所得金額	⑯　　　円	⑥－⑮＝［　　　円］→［　　　円］(1,000円未満切り捨て)

114 次の資料に基づき，物品販売業を営む居住者甲（年齢57歳）の令和６年（以下「本年」とする。）分の申告納税額を乙に最も有利になるようその計算の過程を明らかにして計算し，解答欄に記入しなさい。

〔資料１〕 物品販売業に係る損益計算書

損　益　計　算　書

自令和６年１月１日　至令和６年12月31日　　　（単位：円）

科　目	金　額	科　目	金　額
年初商品棚卸高	3,690,000	当年商品売上高	68,332,000
当年商品仕入高	49,238,000	年末商品棚卸高	3,580,000
営業費	13,500,000	雑収入	6,474,000
青色事業専従者給与	3,100,000	貸倒引当金戻入	210,000
当年利益	**9,068,000**		
	78,596,000		78,596,000

（付記事項）

1．甲は，開業した平成22年分以後引き続き青色申告書の提出の承認を受けているが，棚卸資産の評価方法及び減価償却資産の償却方法については何らの届出も行っていない。

2．甲は，所定の帳簿書類を備え付け，すべての取引を正規の簿記の原則に従って記録し，これに基づいて貸借対照表及び損益計算書を作成し，確定申告書に添付することとしているが，65万円の青色申告特別控除適用の要件は満していない。

3．当年商品売上高には，甲の友人Ｋに対する売上高220,000円が含まれているが，この商品の仕入価額は228,000円，通常の販売価額は330,000円である。なお，甲が家事のために消費した商品（仕入価額250,000円，通常の販売価額340,000円）については，何らの処理もなされていない。

4．年末商品棚卸高は，先入先出法により評価したものであるが，最終仕入原価法による評価額は3,510,000円である。

5．雑収入の内訳は，次のとおりである。

⑴ 生命保険契約に基づく満期保険金収入　　4,046,000円

この生命保険契約の保険期間は20年，保険金収入のうち46,000円は剰余金の分配で，保険金額と同時に受け取ったものである。

なお，支払った保険料の総額は3,239,000円であり，甲が全額負担している。

⑵ 原稿料収入　　179,580円（10.21%源泉徴収税額控除後の手取額）

この原稿料は，作家でない甲が趣味としている骨とう品についての執筆物につき，出版社から支払いを受けたものである。

⑶ 取引先であるＩ社株式（上場株式等でない。）の剰余金の配当　　131,307円

（20.42%源泉徴収税額控除後の手取額）

⑷ 仕入割引　　35,000円

⑸ 駐車場の貸付け収入　　1,076,000円

この駐車場の貸付けは，甲に保管責任のあるものではない。

(6) 甲の友人Ｙに対する貸付金の利子収入　30,000円

この貸付金は甲の営む事業と関係ないものである。

(7) 仕入空箱の売却収入　15,000円

(8) 広告宣伝用看板の設置による使用料収入　360,000円

この使用料は，甲所有の土地に広告宣伝用の看板を設置させたことによるものである。

(9) 営業保証金　500,000円

これは，本年から取引を開始した得意先Ｈ社から預ったものである。

6．貸倒引当金戻入は，令和５年において必要経費に算入した金額である。

7．営業費には，次のものが含まれている。

(1) 付記事項５の(2)の原稿料に係る経費　21,000円

(2) 付記事項５の(3)のＩ社株式取得のための借入金の利子　38,000円

(3) 付記事項５の(5)の駐車場の貸付けに係る経費　265,000円

(4) 付記事項５の(8)の広告宣伝用看板の設置に係る経費　50,000円

(5) 乙の営む事業に関連しない友人・親戚に対する中元・歳暮費用　300,200円

(6) その他の諸経費　4,280,000円

このうち50%は，家事上の経費と認められる。

8．減価償却費の計算は，本年７月10日に取得し同日より事業の用に供している商品倉庫を除き，適正額が営業費に含まれている。

商品倉庫の取得価額9,500,000円　耐用年数15年（償却率　定額法…0.067　定率法…0.133）

9．青色事業専従者給与は，乙の営む事業に従事している長男に対して支給したもので，労務の対価としての相当額である。

なお，青色事業専従者給与に関する届出書に記載した金額は3,000,000円である。

10．一括評価による貸倒引当金の設定の対象となる年末貸金の額は4,200,000円である。

〔資料２〕 甲は，平成25年９月に16,950,000円で取得した土地を，本年７月１日に20,000,000円で売却している。

なお，甲はこの売却に際し仲介手数料600,000円を支払っている。

〔資料３〕 甲が本年中に家計費から支出した費用

1．甲及び甲と生計を一にする親族に係る医療費　260,000円

なお，この金額のほか，本年12月末日現在未払いの医療費が10,000円ある。

2．甲が負担すべき国民健康保険料，国民年金保険料及び介護保険料　811,000円

3．妻を受取人とする一般の生命保険料（平成21年に契約）　86,000円

4．甲の住宅に係る地震保険料　48,250円

5．日本赤十字社に対する寄附金（特定寄附金に該当する。）　100,000円

〔資料4〕 本年末日現在乙と生計を一にし，かつ，同居している親族は次のとおりである。

1．　妻　　(52歳)　無職・無収入

2．長　男　(28歳)　青色事業専従者

3．長　女　(23歳)　大学院生・無収入

4．乙の母　(79歳)　無職・無収入・特別障害者

〔資料5〕 税額速算表は次のとおりである。

課税所得金額		税率	控除額
1,950,000円以下		5%	―― 円
1,950,000円超	3,300,000円以下	10%	97,500円
3,300,000円超	6,950,000円以下	20%	427,500円
6,950,000円超	9,000,000円以下	23%	636,000円
9,000,000円超	18,000,000円以下	33%	1,536,000円
18,000,000円超	40,000,000円以下	40%	2,796,000円
40,000,000円超		45%	4,796,000円

Ⅰ．各種所得の金額の計算

区　分	金　額	計　算　過　程
(　　　)所得	円	1．収入金額 円 ÷ 0. ＝ 円 2．負債の利子　円 3．(　　　) 所得の金額　1. － 2. ＝ 円
不動産所得	円	1．総収入金額 円 ＋ 円 ＝ 円 2．必要経費 円 ＋ 円 ＝ 円 3．不動産所得の金額 1. － 2. － 円 ＝ 円
事業所得	円	1．総収入金額 (1)　商品売上高　(注1)　(注2) 円 ＋ 円 ＋ 円 ＝ 円 (注1) 低額譲渡高修正額の計算 円 < ≧ (円 × 0. (いずれかを○で囲む) ＝ 円) ∴ 円 － 円 ＝ 円 (注2) 家事消費高の計算 円 < > (円 × 0. (いずれかを○で囲む) ＝ 円)　∴ 円 (2)　雑収入 円 ＋ 円 ＝ 円 (3)　貸倒引当金戻入　円 (4)　総収入金額合計　(1)＋(2)＋(3)＝ 円

		2．必要経費 (1) 売上原価 円 ＋ 円 － 円 ＝ 円 (2) 営業費 円 － 円 － 円 － 円 － 円 － 円 － 円 × % ＝ 円 (3) 減価償却費 円 × 0. × $\frac{\quad}{\quad}$ ＝ 円 (4) 青色事業専従者給与 円 (5) 貸倒引当金繰入 円 × $\frac{\quad}{\quad}$ ＝ 円 (6) 必要経費合計 (1)＋(2)＋(3)＋(4)＋(5)＝ 円 3．事業所得の金額 1.－2.＝ 円
譲渡所得 分離(　　)期	円	円 －(円 ＋ 円) ＝ 円
一時所得	円	円 － 円 － 円 ＝ 円
雑所得	円	1．総収入金額 (円 ÷ 0. ＝ 円) ＋ 円 ＝ 円 2．必要経費 円 3．雑所得の金額 1.－2.＝ 円

Ⅱ．課税標準額の計算

区　分	金　額	計　算　過　程
総所得金額	円	円 ＋ 円 ＋ 円 ＋ 円 ＋ 円 × ― ＝ 円
長期譲渡所得の金額	円	
合　計	円	

Ⅲ．所得控除額の計算

区　分	金　額	計　算　過　程
医療費控除	円	円 − { 円 × ％ ＝ 円 ① 円 ② } ①，②のうちいずれか少ない方の金額 ＝ 円
社会保険料控除	円	
生命保険料控除	円	円 × 1/ ＋ 円 ＝ 円
地震保険料控除	円	
寄附金控除	円	{ 円 ① 円 × ％ ＝ 円 ② } ①，②のうちいずれか少ない方の金額 − 円 ＝ 円
障害者控除	円	
配偶者控除	円	
扶養控除	円	円 ＋ 円 ＝ 円
基礎控除	円	
所得控除額合計	円	

Ⅳ．課税所得金額の計算

区　分	金　額	計　算　過　程
課税総所得金額	円	円 － 円 ＝ 円 （1,000円未満切捨）
課税長期譲渡所得金額	円	（1,000円未満切捨）
合　　計	円	

Ⅴ．納付税額の計算

区　分	金　額	計　算　過　程
課税総所得金額に対する税額	円	円 × ％ － 円 ＝ 円
課税長期譲渡所得金額に対する税額	円	円 × ％ ＝ 円
算出税額計	① 円	
配当控除	② 円	円 × ％ ＝ 円
差引所得税額（基準所得税額）	③ 円	① 円 － ② 円 ＝ 円
復興特別所得税額	④ 円	③ 円 × 2.1％ ＝ 円
合計税額	⑤ 円	③ 円 ＋ ④ 円 ＝ 円
源泉徴収税額	⑥ 円	円 × ％ ＋ 円 × ％ ＝ 円
申告納税額	⑦ 円	⑤ 円 － ⑥ 円 ＝ 円 （100円未満切捨）

［編者紹介］

経理教育研究会

商業科目専門の執筆・編集ユニット。
英光社発行のテキスト・問題集の多くを手がけている。
メンバーは固定ではなく、開発内容に応じて専門性の
高いメンバーが参加する。

所得税法問題集　令和6年度版

2024年5月15日　発行

編　者　経理教育研究会

発行所　株式会社 英光社
〒176-0012　東京都練馬区豊玉北1-9-1
TEL 050-3816-9443
振替口座 00180-6-149242
https://eikosha.net

ISBN 978-4-88327-839-8 C2034

本書の内容に誤りが見つかった場合は、
ホームページにて正誤表を公開いたします。
https://eikosha.net/seigo

本書の内容に不審な点がある場合は、下記よりお問合せください。
https://eikosha.net/contact
FAX 03-5946-6945
※お電話でのお問合せはご遠慮ください。

落丁・乱丁本はお取り替えいたします。
上記contactよりお問合せください。